本书系以下资助项目的阶段性研究成果：
2018年山西省软科学研究计划重点项目《山西省加快建设文化旅游强省政策研究》(2018042012--2 )
2018年山东省本科高校教学改革研究项目《旅游管理专业国际化人才培养模式创新与实践研究》

# 旅游企业创新与成长关系研究：经验、理论与实证

Research On The Relations Between Innovation And Growth: Evidence From Tourism Enterprises

辛安娜 著

中国财经出版传媒集团
中国财政经济出版社

**图书在版编目（CIP）数据**

旅游企业创新与成长关系研究：经验、理论与实证／辛安娜著. —北京：中国财政经济出版社，2019.5
ISBN 978-7-5095-8961-8

Ⅰ.①旅… Ⅱ.①辛… Ⅲ.①旅游企业-企业管理-研究 Ⅳ.①F590.65

中国版本图书馆 CIP 数据核字（2019）第 074020 号

责任编辑：胡　懿　　　　责任校对：胡永立
封面设计：王　颖

中国财政经济出版社 出版

URL：http：//www.cfeph.cn
E-mail：cfeph @ cfeph.cn
（版权所有　翻印必究）
社址：北京市海淀区阜成路甲 28 号　邮政编码：100142
营销中心电话：010-88191537
北京财经印刷厂印刷　各地新华书店经销
787×1092 毫米　16 开　10.75 印张　170 000 字
2019 年 5 月第 1 版　2019 年 5 月北京第 1 次印刷
定价：49.00 元
ISBN 978-7-5095-8961-8
（图书出现印装问题，本社负责调换）
本社质量投诉电话：010-88190744
**打击盗版举报热线：010-88191661　QQ：2242791300**

# 前 言

产业竞争力主要通过企业来体现，而企业的竞争力主要是通过创新能力来反映。过去30年，我国旅游业经历了前所未有的快速发展，未来旅游业发展最大的驱动力将是创新也已得到普遍共识。然而，旅游业鲜活的创新案例却没有被系统性进行深入研究，我们至今对旅游企业这类属性鲜明、模仿普遍、存活率低的群体通过创新实现获利的过程和机理缺乏透彻把握。为此，本书围绕旅游企业如何通过创新实现获利的主题展开，旨在从更为微观的层面揭示单个旅游企业通过网络能力获取竞争优势的内在机理，为旅游企业的创新活动提供相应的理论指导和可参考的实施路径。

本书选择从网络能力视角切入，研究单个旅游企业通过创新实现获利的过程和机理问题，这是理论演绎与案例构建理论方法共同作用的结果。分析已有文献，当前文献研究多以影响因素列举和现象描述为主，缺乏对旅游企业及其旅游服务创新轨道“独特情境”的提炼与总揽性认识。本书提炼出影响旅游企业创新绩效的两个关键要素——网络和组织学习，现有文献则将网络研究焦点放在旅游业创新参与主体间各类地理空间的结构影响上，并多从整个网络、系统集群出发，鲜有涉及网络中单个企业的视角，对旅游企业内部的组织学习机制认识严重不足，也仅注意到模仿式学习的普遍存在。

为此，本书首先从定义旅游业的框架性概念入手，通过探讨旅游业产品和生产方式的特殊性及服务的一般性，阐释了旅游企业生产与创新活动开展的逻辑和可能方向，对旅游企业创新的“特殊情境”形成判断。其次，利用案例构建理论可以对鲜活旅游创新现象形成更加深刻直观的方法优势，在识别旅游企业网络能力、组织学习和创新绩效的具体构念基础上，建构了网络能力、组织学习对旅游企业创新绩效作用的理论化模型并提出相应的假设。最后，本书通过定量研究对所提出的理论化模型进行相关检验分析，形成一个完整研究周期。

本书的主要研究结论有：(1) 旅游产品性质和生产的联合方式决定了旅游业存在有别于其他服务业的系统性风险并由此形成独特的“创新情境”。该情境首先决定了高效率的外部网络管理能力和以获得式学习（或称模仿式学习）为主的组织学习方式是旅游企业缓解这种系统性风险的适应性、“强选择”的结果；其次，这种特殊情境决定旅游企业的创新获利逻辑不仅来自财务收益，也来自先动效应。(2) 旅游企业内部存在获得式学习和实践性学习两种不同的组织学习方式，并且会直接产生不同创新效应。获得式学习帮助旅游企业获取低风险的生存资金流保障，而实践性学习有助于旅游企业在模仿普遍的旅游业形成有效市场识别，形成声誉机制，获取超额回报。此外，获得式学习是实践式学习的基础，它会进一步诱发企业内部的实践式学习，存在知识学习的连续路径。(3) 对旅游企业而言，网络能力首先是一种生存型能力，然后才是一种改善型能力，网络能力强调对嵌入网络的资源与关系的能动性管理，对旅游企业创新绩效具有积极正向的影响作用。在旅游企业通过创新实现获利的具体作用路径中，除网络能力中的占位能力维度对创新绩效有直接影响外，在以组织学习为中介的作用机制中，旅游企业利用网络能力禀赋发现新机会及创新所需资源，获取资源又需要通过必要的组织学习机制进行现实转化与利用，创新绩效是组织学习后的结果。

本书在理论上的贡献与创新点主要包括：(1) 提供新的研究视角，解决了一直以来旅游学界关于“什么是旅游业”以及由此产生的“什么是旅游服务专业轨道”这样的基础性学科问题存在的争论与困扰，为进一步研究旅游创新的问题扫清了障碍。(2) 从网络和跨边界视角这样更为微观的层面揭开了单个旅游企业通过创新实现获利的“黑箱”，旅游企业就像新创企业、知识密集型企业一样，具有独特的研究“标签”，在创新上也存在内在发生、发展的科学规律。(3) 在模仿式学习是否有利于企业获取竞争优势的问题上，本书形成了与现有对制造业、新创企业研究不同的研究主张。已有研究认为，模仿式创新只能形成短暂竞争优势，企业必须建立自主创新能力。本书则发现，对旅游企业而言，其终身都必须以模仿式学习为根本；在此基础上，多数旅游企业才有可能对这些模仿式学习获得的产品和服务进行进一步的熊彼特式创新。这是因为，模仿式学习是缓解旅游业产业边界动态演化或称无边界造成的系统风险最有效率的解决机制。

# 目　录

# 第 *1* 章

# 绪　　论

## 1.1　研究背景与意义

### 1.1.1　现实背景

作为现代服务业的一个重要分支，旅游业以 1841 年托马斯·库克组织的火车旅游为开端。一直以来在世界范围内存在大量创新现象，如借助电影及多媒体道具的主题梦幻公园迪士尼乐园的出现，信息和通信技术（Information and Communication Technology，ICT）释放带来的在线旅游自助服务，等等（Buhali 和 Law，2008）。从中国旅游业实践来看，过去 10 年来，旅游领域发展最快最好的业态，如在线旅行服务、经济型酒店、旅游演艺、智慧景区等，发展最大的驱动力也是创新。以携程网为例，从过去总在机场候机大厅发“会员卡”常遭到拒绝，到今天已被打造成“移动化、小团队创新”的一站式旅游服务大平台，这个 2014 年占据中国在线旅游 50% 以上市场份额，净营业收入 73 亿元，有着高达 85.1 亿美元市值的“庞然大物”，已彻底打破了人们对传统旅游企业固有的诸多想象。更有业界专家指出，在“旅游化”渐成趋势的情境下（刘睿，2015），旅游业或将成为未来最有潜力的创新型产业（Camisón 和 Monfort - Mir，2012）。

与此同时，近些年许多旅游发达地区为之自豪的旅游目的地面临着旅游市场份额的逐年下降、目的地旅游产品形式单一、缺少新的替代产品、旅游活动内容单薄、时间容量很小、无法满足新兴旅游者对于旅游产品多样化与参与性的需求、普遍存在的规模不经济、劳动力成本较高等问题，人们已经强烈意识到旅游业创新成为应对旅游业现代化过程中面临诸多挑战的必由之路，如何依靠创新来推动现代旅游业增长方式的变革、提升本国旅游业的国际竞争力成为不可回避的重要话题，研究旅游企业通过创新获利的规律也显得迫切且正逢其时。尤其是在我国，旅游业被确立为国民经济中的战略性支柱产业，意义更为深远。

### 1.1.2　理论背景

面对旅游创新现象的“泛在”和研究的必要性，对于多数研究者而言，当前的研究状况不容乐观。通过文献梳理，我们认为之所以出现这样的研究局面，主要原因可以归结为以下几个方面：一是旅游业范围和生产方式一直存在不同解释与争论，至今业界对旅游业缺乏一个通用且普遍的定义（Hjalager，2010），导致旅游创新理论研究的基础产业地位结构体系、产业运动变化规律等相关理论在理解上仍存在种种似是而非的观点，相应造成已有的、相关联的创新研究常常在完成以后遭到以偏概全的质疑。例如，以酒店、旅行社或景点等单一的、更具象的旅游行业为研究对象时，其他研究者就会提出这样的质疑：酒店能代表旅游业吗？它的创新行为能代表旅游业的专业服务轨道特征，反映旅游业的创新本质吗？因此，关于“什么是旅游业”以及由此产生的“什么是旅游业的服务专业轨道”这样基础性学科问题的争论与困扰及未圆满解决的现状已严重影响到后续创新研究的有效积累和该学科的学术价值（申葆嘉，1999；宋子千，2014）。二是在旅游业，长期以来旅游小企业在数量上是主体（Thomas 等，2011），这些小企业又被认为是一种边缘企业或者非正式的经济体（Dahles，1999），存在大量结构性和非结构性障碍，如规模小、存活率低、所有权变化太快、整体从业人员工资待遇不高且素质有待提高、“搭便车”现象普遍存在、小管理层和雇员非职业化且流动性强等，这些因素不仅使得旅游企业像“新创企业”那样被研究者当作一类属性鲜明的企业群体，贴上了特定的研究“标签”，而且旅游企业这种内部资源和能力常年处于严重瓶颈区的状态使得很多研究者对其创新问题望而却步①，大量旅游企业层面的研究多局限于围绕生存问题展开（武真真等，2012）。三是从微观角度看，不管旅游产品还是其产出方式，并没有所谓的上下游投入产出关系，表现出的市场势力、外部性和纵向性等特殊要求②使它与制造业、其他服务业相比明显不同，这些不同也使得“历时态”和“共时态”下的主流研究方法和研究理论在旅游企业创新问题上的应用受到极大约束。因此，上述种种原因导致长期以来，即便20世纪80年代以来，新兴的服务创新研究领域对旅游业的创新关注程度也非常低，创新理论在旅游业的应用范围、研究深度、理论与实证研究都十分有限，理论研究滞后于实践应用（Hjalager，2010）。

另外，有几个学科发展问题值得一提：

一是许多研究者对当前旅游研究整体发展前景表现出深刻担忧：虽然旅游研究从发展之初就处于多学科介入的局面，但这种多学科介入并没有带来相应数量有价值的理论产出。对旅游研究当前面临的这种困境，研究者普遍认为问题主要出在学科介入深度上（宋子千，2014），长期以来一直缺少与主流研究之间展开平等的对话（Shaw，2004），无法对主流学科进行反哺，可以说理论研究上的这种从属现象与如今旅游业的“大产业”地位极不相称。旅

① 近几十年，主流创新研究在关于企业层面的创新问题上，研究逻辑大体遵循的是战略管理领域中资源基础理论（Resource - based view，RBV）及其演进与衍生，如知识基础理论、动态能力理论的基本主张。作为战略管理领域最有影响力和最优秀的分析体系和理论框架之一的资源基础理论认为，一个企业能获取超额回报（租金）、形成竞争优势的最关键核心要素是与其他企业相比，该企业拥有更好的“异质”资源（resource）（Barney，1991）。进一步讲，动态能力理论在此基础上提出，企业获取竞争优势不仅在于拥有异质性的资源，还在于拥有整合、重构这种异质性资源的能力（Prahalad 和 Hamel，1990，Teece 等，1997）。相应地，多数创新研究聚焦于在这样的理论前提主张下对企业组织惯例重构的“路径”选择或实现新资源组合的“最佳实践方式”。在这种研究逻辑支配下，研究者在选择所要研究的对象时，旅游企业在资源和能力上的先天不足自然是不会受到研究者青睐的。

② 这种特殊要求决定了旅游企业的业务流程与组织行为有违于整个20世纪主流创新研究所关注的企业“封闭式创新”模式下的良性循环逻辑，外部众多的创新源、单个企业自主创新范式和“公司人”的式微，组织边界的模糊意味着“内部组织”重要性有限，旅游业一向处于创新随时可以侵入、令人感觉模仿泛滥的行业表征状态，不过从当下主流创新前沿研究范式——开放式创新来看，可以说旅游业的竞争生存状态似乎是超前于当时“封闭式创新”的主流创新研究的。Chesbrough 等（2014）新近提出这样的观点，认为在某些特点上，开放式创新似乎是有点回到19世纪末和20世纪初的创新模式，即丰富的、多样化的类似于实验室的技术开放源存在于开放市场中。

游创新问题也一样，作为现代服务业中的重要组成部分[①]，旅游业中大量鲜活的创新现象没有被系统性进行深入研究，无法真正为旅游产业实践提供指导，对理论界而言是值得深刻反思的。

二是从 20 世纪 70 年代末，很多位组织学著名学者几乎同时提出“松散链接”（Loose Coupling）组织结构这一理论模式。“小企业”“新企业”“可得式学习”（或模仿）这些曾被当作旅游企业特有的障碍性结构性和行为性特征正“普适”为主流研究对象的“常态化”特征。此外，在主流企业创新研究领域，研究者的注意力已从“大企业”为代表的“常规化”创新向“非常规化”、即兴式创新，“漏斗式”封闭式创新向“筛子式”开放式创新转移，对知识密集型企业的注意力也正不断向非知识密集型企业转移，对企业与外部组织之间形成的创新关系认知也从单一的二元关系向多组织间相互依存和相互关联的创新网络关系不断深入。这些研究转向与旅游企业的业务流程与组织行为存在很高程度的契合性，可以说近 20 年主流研究在这些方面形成的丰硕成果及研究趋势为旅游企业创新的深入研究提供了难得契机。

三是旅游创新作为创新、服务创新的属概念，研究中很多科学问题都存在情景依赖性，而现有创新理论的适用性和可靠性在旅游创新许多基础理论研究上引起的争议也是很显而易见，如在驱动因素上，旅游业是否存在企业家精神、是否存在创新系统这样的驱动力，人力资源能否对创新产生贡献等方面的质疑声音一直不断。因此，我们认为，要想系统性推动旅游创新的理论框架，真正为理解旅游业的创新管理提供具有洞察力的见解，在继续深入和拓展现有研究以提供描述和检验理论的研究目标基础上，最终必须进行理论构建。将“案例构建理论”（Eisenhardt，1989）的研究方法引入旅游创新研究不失为机会与挑战。迄今为止，学者们已经成功运用该方法在各种题目上构建理论。该种方法主要是引导研究者关注与那些没有明确答案却非常重要的问题，强调扎实的相关文献回顾，在发现以往研究不足的基础上，根据“情景”重构全新理论框架，并且要求形成的理论具有新意、可检验、具有实证效度，与演绎式的量化研究可以形成完整研究周期，而上述研究逻辑很有可能为旅游创新的研究带来理论发展上的重

---

① 根据中国国家旅游局数据，2015 年我国旅游产业对国内生产总值（GDP）的综合贡献已超过 10%，中国旅游业占全球国际旅游增长率的贡献也已超过三成。

大突破。

正是基于上述旅游创新研究本身所具有的这种可拓展的空间①，选择在科学的方法论指导下投入更多的力量于“旅游企业如何通过创新实现获利”的基础理论探讨和研究才更有意义。我们也希望本书的系统性研究能从更为微观的层面揭示单个旅游企业通过网络能力获取竞争优势的内在机理，为旅游企业的创新活动开展提供相应的理论指导和可参考的实施路径。

## 1.2 基本问题的提出

### 1.2.1 研究的基本问题

在确定具体的研究问题时，本书遵循了以下科学研究策略的考虑：首先，旅游学界已开始意识到，“旅游产业活动的研究，应该从旅游企业个体经济行为分析入手，在此基础上探讨整个产业的行为，要着眼于研究旅游企业经营管理的一般性”（谢彦君，2015），因此将旅游创新②的研究对象界定于“旅游企业”这样一个基本分析单位是本书首先解决的科学判断之一。其次，研究者普遍认同，通过“解决问题”（problem - solving）式的途径从其他学科移

---

① 本节关于研究主题确定的逻辑思路与研究背景的写作框架受到学者毛基业和李高勇（2014）的极大启发，在关于“中国企业管理案例与质性研究论坛（2013）”综述中，两位学者系统性指出一个好的研究问题应该具备以下几个特征：重要、新颖、有趣、泛在、可实施（Colquitt 和 George，2011）。一是论文的研究问题应该是重要的，要解决明显的、在文献或是实践中没有解决、存在重要争议的问题，或者是能够挑战现有解释的研究发现。二是研究问题要新颖，而新颖的研究往往来自于知识的融合，当在两种不同的文献、理论或是学科之间建立起桥梁时，往往能够得到新颖的研究问题（George 等，2007）。此外，对现实的观察也能帮助研究者获取新颖的研究问题。三是研究问题要有趣。因为只有有趣的问题，才值得去研究，才会吸引读者去了解你研究的问题。四是研究问题涉及的领域应当适当的宽泛。即使一个研究问题很好，但如果它所针对的领域非常狭小，适用的空间有限，那么它的理论价值和实践意义也会降低。研究问题的泛在性要求研究者适当放大自己的视界，在选取理论视角时，应该把知识领域扩大到相似或是相近学科中，尽量找到更新颖的理论视角。五是研究的可实施性指的是研究问题要有实践意义，结论有可操作性，能为管理或是组织提供有价值的见解。结合对上述五点特征的反复比照与旅游创新问题的凝练，我们认为，本书所确定的旅游企业如何通过创新实现获利这样的研究主题基本达到了一个学术研究问题提出的基本标准。

② 旅游创新严格来说研究的主题是旅游业创新，其核心应是旅游企业创新，但为了保持引用文章的原貌，并且为避免另启用旅游企业创新导致研究者对现有研究主题产生不必要的误会而影响对该主题知识共同体的累积，在本书中“旅游创新”等同于“旅游企业创新”。

植、渗透和融合是旅游学这样一门具有新兴的跨学科性质的学科在很多科学问题研究上的基本科学策略。相应地，虽然旅游企业确实存在很多不同于制造业和其他服务业的特殊属性，但是主流管理理论中资源基础理论、组织学习理论、动态能力理论、知识管理理论等对企业创新活动本质的高度抽象可以说为本书提供了宝贵的问题提出、问题分析和问题解决的逻辑思路。最后，对于具体科学研究问题的提出，毛泽东同志有过一句经典论断：科学研究的区分，根据就是科学对象所具有的特殊的矛盾性（毛泽东，1986），这就意味着对某一现象要形成深入见地，对其表现的特殊矛盾性的深刻认识是进行科学研究最基本的前提要求。

在上述指导思想下，在文献分析和田野调查的共同作用下，本书进一步聚焦"旅游企业如何通过创新获利"的研究主题，围绕"单个旅游企业如何通过网络能力提升创新绩效"这样更为具象的基本问题展开。相应地，对基本问题的回答又进一步被分解为以下几个逻辑紧密相关的子问题：

一是旅游业的基本内涵问题。产业特性造成的"问题"规定了创新的潜在方向，产业知识基础的性质和范围决定着创新的最大可能性或边界、生产方式以及企业与相关利益者之间建立的"游戏规则"。因此，对产业特性的剖析是分析企业创新活动至关重要的一个基础研究环节。相应地，本书首先对"什么是旅游业"、旅游业的基本产业特征及形成的服务创新轨道进行剖析，旨在揭示旅游企业创新活动的内在发生和外部演化机理，对旅游企业创新的特殊情境形成科学判断，为后续研究工作开展提供有效理论支撑。

二是旅游企业的网络能力、组织学习与旅游企业创新绩效的模型构建。由于旅游企业创新存在有别于其他产业创新的情景依赖性，"案例理论构建"一直是本书从事这项研究的重要原则。本书通过对案例企业的深入观察，不断将定性数据与现有文献进行对比，捕捉不断变化的旅游组织中创新行为的动态互动情况（Meyer，Gaba 和 Colwell，2005）和在已有的分析框架中难以捕捉的旅游企业创新的重要行为，最终通过定性研究形成抽象概念并形成有关旅游企业网络能力影响创新绩效的理论模型构建。

三是旅游企业创新绩效的测度问题。对旅游企业创新绩效的测度，之所以没有直接借鉴现有的成熟绩效指标，缘于对旅游企业创新行为的反复观察。如前所述，旅游业属于"快速模仿"行业，从事创新的旅游企业很难独享创新收益，大量模仿的存在势必对旅游创新企业的获利能力产生极大的冲击，会严重挫伤旅游企业创新的积极性。然而，从现实角度继续深入，我们发现，从积极的角度入手，旅游业模仿达到一定量变后会引起质变，使得旅游业产品和服务的升级换代更加频繁，对旅游企业而言，从某种角度来看，企业的先进入战略在很大程度上就是一种创新战略，因此本书通过探索性的案例研究、利用量化分析中的探索性和验证性因子分析验证该构念的合理性和可行性。

四是旅游企业网络能力的内涵和维度问题。从目前的文献梳理来看，关于企业网络能力的理论研究较多，但进行有效测度和实证分析的研究仍然非常有限，尤其是网络能力测度在旅游企业的应用，这一方面大大制约了网络能力在旅游企业创新实践中的应用价值，另一方面也造成网络能力如何影响旅游企业创新绩效的机制研究相当欠缺。因此，在企业网络能力的理论研究和案例构建理论的基础上，基于案例研究和量化研究开发和设计适用于旅游企业网络能力的测度量表是本书研究工作的另一项基础工作。

五是旅游企业组织学习方式的内涵和维度问题。关于组织学习的理论浩如烟海，但是很多研究都是从探索性学习和利用式学习视角切入，将其作为中介变量，现有的测量维度也多基于技术创新的考察，对于企业的能力要求较高。这点对于旅游企业而言并不科学。经过反复深入观察案例企业，不断深入挖掘现有文献，我们最终发现，在创新过程中，一是模仿是旅游企业创新最普遍采用的一种快速创新手段，二是旅游产品和服务常构于日常实践，旅游业属于经验型的创新行业，模仿式学习和实践式学习的二分法更符合旅游企业的创新情境。因此，在企业组织学习的理论研究基础上开发和设计适用于旅游企业可得式学习与实践式学习的测度量表是本书研究工作的另一项基础工作。

六是旅游企业网络能力对企业创新绩效的作用机制问题。在案例构建理论的基础上，只有明晰网络能力与旅游企业创新绩效之间的作用机理才能促进效用的最大发挥。本书通过问卷调查和结构方程进一步实证检验旅游企业网络能力及其通过获得式学习和实践式学习这两个中介变量对创新绩效的作用路径。

### 1.2.2 研究对象的界定

本书以旅游企业为研究对象。由于旅游业具有极强的综合性和关联性，涉及旅游服务的产业情况非常复杂，其产业范围在学术界至今仍未有统一的定论。现有研究往往将涵盖“吃、行、住、游、娱、购”六要素的住宿接待、交通运输、旅游业务组织、餐饮、游览娱乐、旅游购物等企业及政府与公共机构7个主体共同纳入旅游产业的范畴，即所谓的广义旅游业。也有研究者指出，这种界定将旅游产业的范畴无限扩大，纳入与旅游关联度低的行业组织或产业部门远离分析问题的本质核心所在，将有可能掩盖旅游活动内在矛盾的性质、运动规律和它所产生的各种外部影响。旅游企业创新呈现的多极网络特性，任何试图用仅包括旅行社和旅游公司经营活动的旅游业来代替旅游产业的做法也被研究者指出是极为不科学的做法（谢春山等，2005）。因此，本书在现有旅游业理论基础上，借鉴 Smith（2000）的层次划分法，围绕核心旅游产品生产与销售，将旅游企业界定为包括旅行社，旅馆业，旅游地（旅游景区、景点），旅游在线企业在内的企业总和。这些企业的共同特征就是如果不存在旅游，这些企业就不会存在。其他为旅游者提供商品和劳务的交通、娱乐、饮食、商业、社会服务等产业组织或行业部门不在本书论述范围之内。

与此同时，旅游业还有一个特殊性，就是因旅游主体产品的生产与消费必须依附于特定地理空间，即旅游目的地，故形成了不同于其他服务业和产业的网络特征——以目的地相联系的高度本地化的网络和非本地化的网络（Sundbo 等，2007）。学者们主张发展旅游创新理论时应该将“以目的地相连接的空间网络”当作“一个新的基础理论平台”，并且这种主张已经得到了普遍认同（Søensen，2007；Hjalage，2010）。因此，本书将“以目的地相连接的空间网络”中的旅游企业和这些旅游企业之间的业务相互补充作为进一步选择案例研究对象的基本原则。

## 1.3 研究方法与技术路线

### 1.3.1 研究方法

（1）规范分析法。由于旅游企业创新或旅游创新属于创新、服务创新的属概念，文献检索、整理、分析和总结工作将涉及两个大的方面：一是围绕旅游企业创新过程的因果机制这一主线与主题展开文献的梳理与述评，旨在系统性揭示旅游创新过程的特殊性（即情境依赖性），在研判旅游企业创新研究趋势的同时，进一步为本书的研究空间与可切入点寻求合理性、正当性与科学性。二是根据本书构建理论框架的需要，对将要引导数据收集和数据分析工作的主流创新理论部分（理论 T 的集合）进行梳理与述评。总之，本书旨在通过扎实的文献梳理和分析，为运用“案例构建理论”方法重构“旅游企业如何通过创新实现获利”的理论框架奠定厚实资料基础，为研究改进和创新选明方向。

（2）实证研究法之一：案例构建理论方法。案例构建理论与量化研究法在研究逻辑上具有相辅相成的互补优势，两者结合可以形成完整研究周期（Eisenhardt 和 Graebner，2007）。案例研究构建理论主要是运用一个或多个案例、充分根据案例中的丰富实证数据创建理论构念、命题和/或中层理论的一种研究策略（Eisenhardt，1989）。由于现有创新理论的适用性和可靠性在旅游创新许多基础理论研究上引起的争议也是很显而易见（详见第 2 章），加上案例构建理论能突出现象发生丰富、现实性的背景，并且能很好满足我们对那些运用现有观点无法恰当解释的现象的研究要求，本书从旅游业的“情境化”（Contextualization）（Tsui，2006；Hjalager，2010）入手，通过研究旅游企业的案例，采用归纳方法发现概念，得出具有新意的理论化概念模型，并形成相应的可检验的假设命题（详见第 4 章和第 5 章）。

（3）实证研究法之二：问卷调查与统计分析。本书实证研究的第一阶段是问卷调查。在文献梳理的基础上，根据“案例构建理论”得出的理论框架模型科学设计调查问卷，并大规模采样获得旅游企业网络能力、组织学习方式以及创新绩效等数据，为第二阶段的数理统计分析做准备；在第二阶段主要内嵌 AMOS 的 SPSS22. 0 for Windows 版软件，通过结构方程等定量分析工具对本书的概念模型与研究假设进行实证检验。

### 1.3.2 技术路线

（1）规范分析法。在文献分析的技术路线方面，对于以旅游企业为研究对象的创新研究目前仍比较散乱，因此本书围绕旅游企业“旅游企业如何通过创新实现获利”这一基本问题，在辨析旅游创新内涵的基础上建立了包括原因、过程和结果三因素及其直接关系的整合框架，分析了与旅游创新关联的已有研究在上述维度上与主流创新研究存在的争论与矛盾，揭示出已有文献在关于旅游创新过程的特殊性（即情境依赖性）方面得出的相关结论，研判旅游创新研究趋势的同时，进一步为本书研究空间与可切入点寻求合理性、正当性与科学性支撑。

（2）实证研究法之一：案例研究构建理论的技术路线（见图 1.1）。案例研究通常遵循的是归纳逻辑。毛基业和李高勇（2014）将其研究逻辑归纳为：首先，寻找有趣的管理现象是出发点，在此基础上展开对与现象相关的文献的检索和研读，再厘清文献中关于这一现象的已知可解释部分（现有理论 T1）和未知部分。其次，将文献与所观察的现象进行反复比较后，最终聚焦于对某一具体研究问题的提出。最后，针对提出的具体研究问题，启动收集相关可以完成证据链的数据的研究工作，进而展开分析和归纳，得到新理论 T2（即图中所示的从命题 X 到 Y 或者从过程 X 到 M 再到 Y），作为对现有理论 T1[①] 的修正和拓展。这一步骤相应涉及案例选择、研究工具与程序设计、进入现场、数据分析、形成假设、文献对比等相关研究步骤。这个从特殊到一般、从质性数据到理论的迭代过程，从本质上讲是个抽象化、概念化的过程，在科学研究的方法论上称为归纳法。上述研究策略正是本书在通过案例构建理论时遵循的基本技术路线。

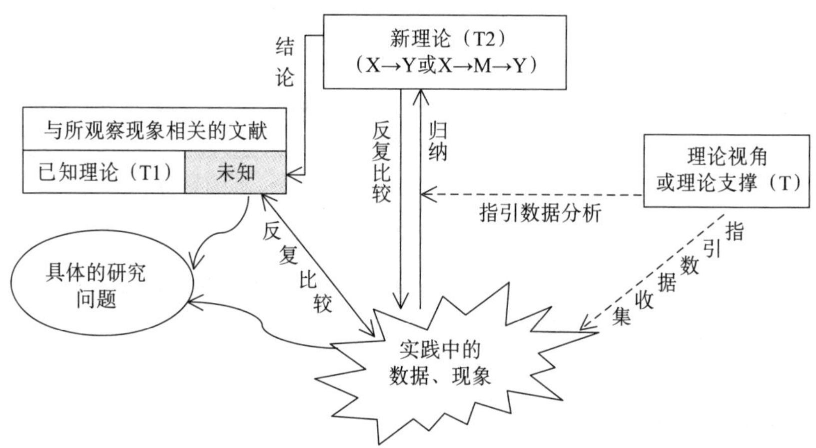


图 1.1　案例研究构建理论的归纳逻辑及过程

① 为本书在后续研究中表述方便且清晰，在此就理论 T、已知理论 T1 和新理论 T2 的关系做进一步说明。理论 T 是归纳过程的基础，不仅可以起到引导数据、数据收集的作用，还可以作为理论视角事先形成理论框架，此时理论 T2 就在使用理论 T 已有概念同时保留了数据中涌现出的新概念。有时候 T 可能就是 T1，也可能还加上其他对所研究现象有解释力的一个或多个其他相关理论。

（3）实证研究法之二：问卷调查与统计分析的技术路线。通常我们知道，理论包含抽象和操作这两个层面。抽象层面的理论通常会由构念和命题组成，理论的操作层面则通常由变量和假设组成。研究者认为，案例研究构建的理论表现的是构念和命题的层面（陈晓萍等，2008），定量研究则进一步延伸至变量和假设。因此，本书在案例构建理论的基础上，将进一步在量化研究层面展开，通过包括因子分析、结构方程模型等在内的严谨的实证研究对提出的实证假设进行验证，最终得出研究结论和研究启示。

## 1.4 研究框架与创新之处

### 1.4.1 研究框架与内容

立足旅游企业的特殊情境，本书遵循“提出问题—分析问题—解决问题”的研究脉络，图 1.2 是论文的基本框架。本书主要内容包含以下几个部分：

（1）提出问题，具体体现在本书的绪论和文献综述部分。绪论部分基于“旅游化”的时代大背景，以旅游企业如何通过创新实现获利为逻辑起点，梳理研究背景，提出基本问题，确定研究框架，旨在为后续章节进行铺垫。本书综述部分主要对与研究主题相关的各种有价值的参考文献进行系统化梳理，发现研究空间和切入点，进一步引导案例数据的收集和为具体的数据分析工作提供扎实的理论基础。

（2）分析问题，主要包括对旅游企业创新过程的理论分析、质性分析和定量分析。理论分析也体现在本书的第 2 章文献综述部分，通过细密梳理已有文献，除发现旅游业可研究的空间和切入点外，还发现，旅游企业创新活动具有“情境依赖性”。如同技术创新轨道一样，旅游业也存在特殊的服务创新轨道，对于这种创新轨道的特殊性与一般性的规范性分析在第 3 章展开，这是进一步研究旅游企业创新的理论基础。可以说，对主流创新研究相关知识点的追述和旅游业特殊性和一般性的理论分析的过程，都为研究提供文献借鉴和研究思路。

质性分析还体现在本书的第 4 章探索性案例研究中。该部分主要内容安排同样以文献为基础，对旅游企业创新过程进行探索性案例调查分析，聚焦旅游企业如何通过创新获利相对应的构念提炼，形成对相关构念的测量与关系验证。第 5 章则在上述研究基础上详细剖析网络能力、组织学习方式对旅游企业创新绩效的作用机理，完成理论模型操作化转换和提出相应研究假设。

定量分析体现在本书的第 6 章，是对网络能力、组织学习方式对旅游企业创新绩效影响的实证设计和实证检验。这章主要通过设计大样本调查问卷，然后收集大样本问卷调查数据，采用 SPSS 统计分析工具对提出的关键变量测度指标进行题项筛选、实证检验理论化模型的合理性以及对模型进行修正，明晰组织学习方式在网络能力与创新绩效之间的中介作用。

（3）结论与展望，对本书的主要结论进行阐述，指出本书研究的局限性，并对未来可研究空间进行展望。

### 1.4.2 创新之处

本书创新之处主要有以下 4 点：

第一，突破已有的研究范式，以网络中的单个旅游企业为研究对象。如前所述，种种原因导致很少有研究者关注于旅游企业这样一类具有特定“标签”的企业群体在微观层面的创新获利问题。另外，有研究者已经注意到旅游业存在复杂的网络关系，如以目的地相联系的网络，联合生产形成的不同于价值链联结的网络，等等，并意识到不能简单移植跨国企业和制造业的分企业内部和外部获取的两分法对旅游企业知识转移和创新等问题进行研究，认为研究逻辑上应从网络和跨边界视角入手，但如何从网络和跨边界视角入手，目前研究并没有明确。本书从知识观角度对旅游业内涵进行框架性界定，由此带来对其理论基础与研究前提的突破性认识，从根本上解决了不同旅游企业从网络和跨边界视角入手揭示创新活动过程“黑箱”的科学性和可能性问题。

第二，对旅游业的内涵给出了框架性定义，从满足高度抽象旅游业生产经营活动本质和有效反映旅游业范围边界的动态性出发，通过需求泛化、知识基础和学习过程、网络和行动者三组基础概念有效解决学术界至今对旅游业定义的争论，同时形成对旅游业的专有服务创新轨道和旅游企业这一类具有鲜明属性群体的合理认知，提出旅游业知识基础的动态演化和生产的联合方式共同决定了旅游业存在有别于其他服务业的特殊性系统风险，并借此规定了旅游企业独特的“创新情境依赖性”，外部网络、组织学习方式则被看作

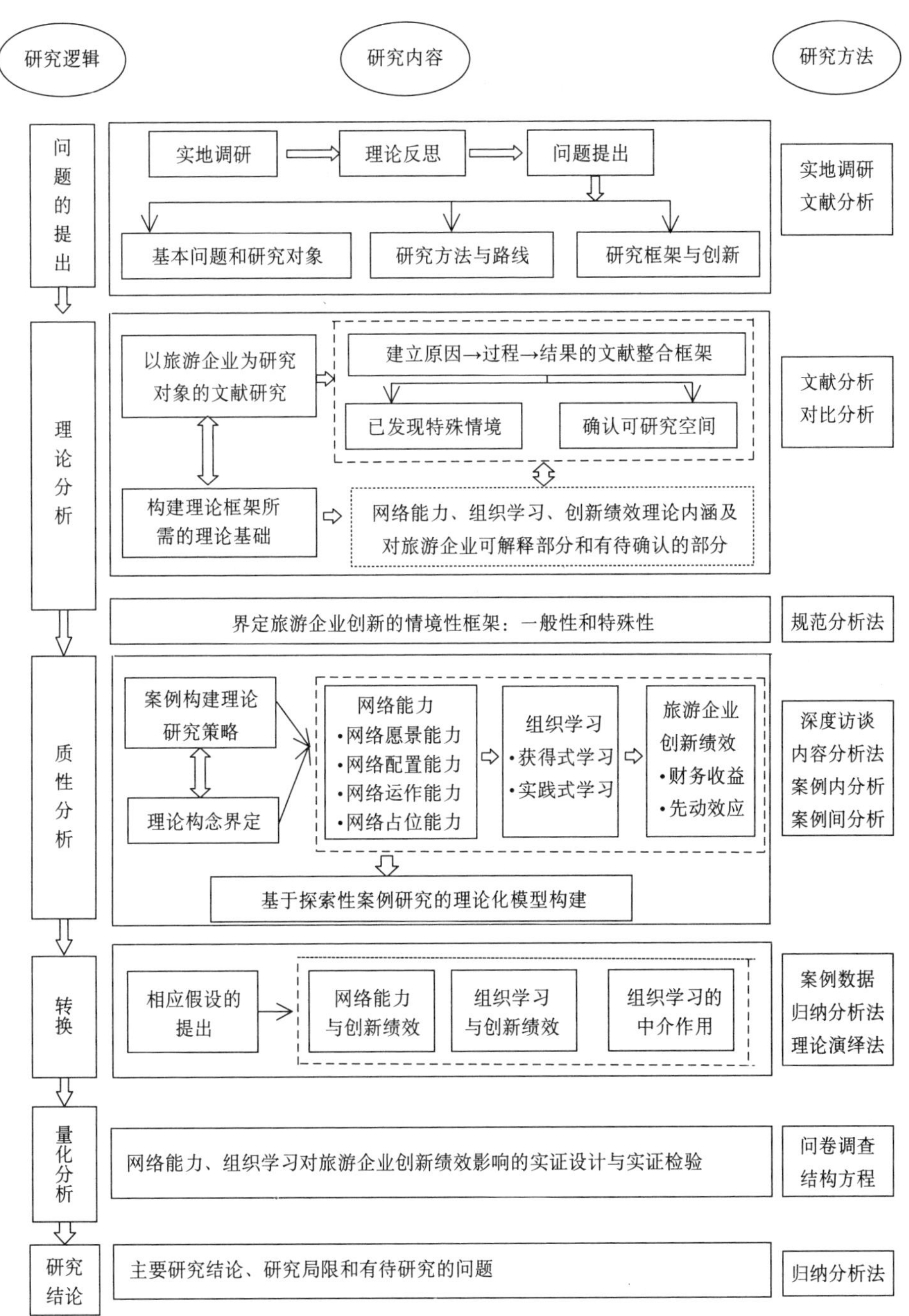


图 1.2　本书研究框架与技术路线

旅游企业缓解这种系统性风险的适应性、“强选择”结果。

第三，从更为微观的角度揭开旅游企业通过网络能力提升创新绩效的过程和机理。网络能力作为一种具体的动态能力，除直接对创新绩效产生积极的影响外，更需要通过实质性行为如学习进行转化才能对企业绩效产生影响。研究发现，旅游企业并非印象所言，而是存在内部学习机制，即模仿式学习和建立在模仿式学习基础上的实践性学习，两种不同学习方式最终产生不同创新效应。获得式学习帮助旅游企业获取低风险的生存资金流保障，而实践性学习有助于旅游企业在模仿普遍的旅游业形成有效市场识别，形成声誉机制，帮助企业获取超额市场回报。

第四，在模仿式学习是否对旅游企业有利方面形成了与制造业、新企业相应方面研究观点的不同。这些研究认为，模仿式创新只能形成短暂的竞争优势，企业需要建立自主创新能力。通过第 3 章、第 4 章的分析我们认为，模仿式学习伴随旅游企业终身，在此基础上多数企业才有可能对模仿式习得的已有产品和服务开展深度挖掘，因为模仿式学习是缓解旅游业产业无边界造成的系统风险最有效率的解决机制。

# 第 2 章

# 文献综述与理论基础

本章主要围绕旅游企业创新这一主线与主题文献，通过建立整合性框架展开梳理和述评，旨在构建本书的理论基础，揭示旅游企业创新过程的特殊性（即情境依赖性），同时研判旅游企业创新研究的趋势，进一步为本书研究空间与可切入点寻求合理性、正当性与科学性支撑。需要指出的是，旅游创新属于创新的属概念，因此在探究创新问题时不仅会涉及对旅游创新现有研究进展情况的探讨（已知理论 T1）——通过“解决问题”（problem - solving）式的途径从其他学科移植、渗透和融合是旅游学这样一门具有新兴的跨学科性质的学科在很多科学问题研究上的基本科学策略（谢彦君，2015）——还会根据本书构建理论框架的需要，对将要引导数据收集和数据分析工作的主流创新理论部分（理论 T 的集合，包括组织学习理论、网络能力理论与创新绩效理论）加以梳理与述评，以期为研究形成扎实的理论支撑。

## 2.1 旅游企业创新的研究述评

2010 年，Hjalager（2010）在《*Areview of Innovation Research in Tourism*》一文中首次使用“旅游创新”（Tourism innovation）的概念，并开创性地将现有研究从非常经典的创新问题出发进行归纳评述，试图建立起关于旅游创新问题研究的理论体系与认知框架。可以说，Hjalager（2010）这篇文章最大的贡献之一在于她及时让研究者们意识到，关于旅游企业的创新问题不是什么政策研究，不是什么经验总结，它有其内在发生、发展的科学规律（恰当的说是机制①），它是一个实实在在的、亟待研究者运用管理学科的基本理论去深入挖掘的基础性的理论研究问题。

有关旅游创新的研究还处在初期的快速积累阶段，该研究领域在理论和方法上尚未形成相对稳定和一贯的内在逻辑体系，在很大程度上影响了旅游企业创新研究知识共同体的形成。以已有国内外旅游创新研究综述性文献为例，这些评述虽然各有特点，但并没有完成与主流学科展开对话的基本任务，缺乏系统性的母学科的主流研究范式评述基础，导致对于很多旅游创新基础问题的认识起点、理论深度仍非常有限，尤其是我们无法系统识别旅游创新鲜明的情景依赖性，这使我们的很多研究显得过于单薄，对现象的解释、指导意义不强。为此，本书重新从学科发展的历史角度、以主流创新理论的研究逻辑对当前学者在旅游企业创新过程基本问题上形成“碎片式”的研究内容、研究方法及主要争论进行系统性梳理，并构建它们之间的内在逻辑，这也是本书必须开展的一项基础性工作。

根据书研究目的，通过“滚雪球”的文献追踪方法，我们检索了国内外近20年（1994—2015年）发表于旅游管理专业期刊和重要的管理学期刊上与旅游企业创新具有一定关联度的文献，以路径评述为主，在辨析旅游创新内涵的基础上建立了包括原因、过程和结果三因素及其直接关系的整合框架（见图2.1），分析以旅游企业为研究对象的已有创新研究在上述维度与主流创新研究存在的争论与矛盾，揭示对旅游创新过程特殊性（情境依赖性）已形成的观点。

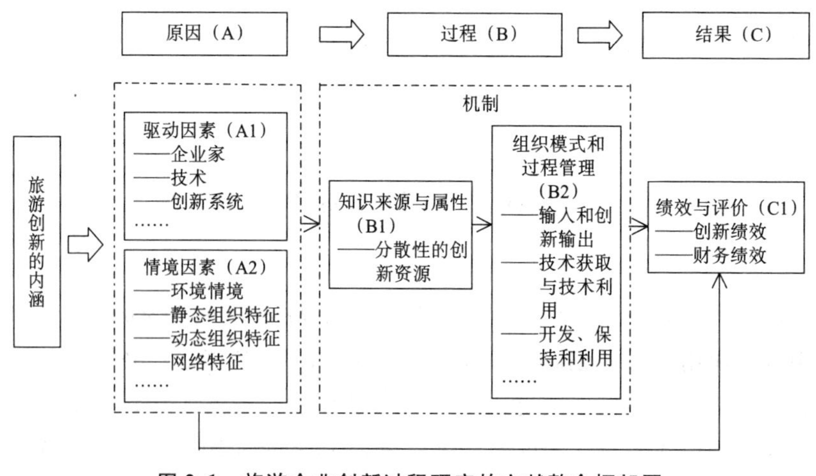


**图2.1 旅游企业创新过程研究的文献整合框架图**

① 周雪光：《组织社会学十讲》，社会科学文献出版社2003年版。

### 2.1.1　旅游企业创新研究的脉络梳理

（1）旅游企业创新的内涵。当前学者们对到底是采用“熊彼特创新”内涵与分类方法还是借用“服务创新”内涵和分类方法存有争论。一些学者强调，应从旅游服务本身的特性出发界定“旅游创新”的内涵和基本分类，要求关注技术维度无法解释但相当重要的创新形式。但目前多数学者认定熊彼特对创新概念广泛和开放的定义，认为“开发新产品或改进现有产品、引进新生产工艺、开拓新市场、获得原料新来源、结构重组”这五种基本形式已可以涵盖旅游业的创新活动。Camisón 和 Monfort - Mir（2012）指出，虽然不排除旅游企业存在一些特殊的创新形式（由于其“隐匿性”高而存在没有被捕捉到的可能），但许多实证研究支持熊彼特对创新的界定，足够解释服务业包括旅游业在内的创新活动，认为服务创新理论对于“创新”更宽泛的定义和更细化的类型研究并没有超出熊彼特对于“创新”本质的描述。此外，Drejer（2004）担心借鉴的分类有试图将定义扩大化的倾向，这有可能导致将创新等同于日常的经营活动（normal day - to - day business），使分类结果无法作为讨论问题的基础用于理论研究。

在上述认识论的基础上，研究者对旅游企业创新的内涵理解提出一些主张。Weiermair（2004）指出，应将重点放在对熊彼特提出的五种创新形式具体的内涵挖掘上，需要考虑旅游产品生产与销售的特殊性，包括生产与消费的同时性、消费者的参与性、服务的无形性，还有就是旅游产品服务的组装集成特性。Hjalager（1997）则指出，在旅游企业创新过程参与者构成的复杂性方面，除顾客参与外，旅游创新的特殊性还体现在目的地居民的参与上，尤其是当目的地缺乏良好公共旅游服务设施投入时，原住地居民作为“兼职雇员”对创新结果会产生重要影响。另外，研究者普遍认为，旅游业很少涉及完全的新的产品或新的市场，而更多涉及过程创新，且后者被认为对旅游业最有影响力。由于旅游产业具有综合性及关联性，创新常常是所有利益相关者共同努力的结果，这在一定程度上却会造成核心旅游企业自主创新的延迟。

除上述学理探讨外，文献中也已出现将内涵和分类方法直接作为研究基础的实证研究。Krizaj 等（2012）在对旅游企业创新测量指标构建的过程中，对比较有影响力的关于旅游企业行为研究的实证性文献进行整理时也发现，研究者在进行问卷设计与调查时也多采用产品创新、过程创新、市场创新等分类体系。这种思路在研究实践中尤其是以描述性统计为研究方法的研究中天然地与主流创新研究契合，具有一定的可取性与可操作性。虽然上述提出的与内涵研究有关的问题是很少被专门界定与探究的，但它们却是理解创新形式、特点及规律，界定创新绩效的形式，开展后续研究的理论基础。

（2）旅游企业创新的驱动因素。目前研究者在此方面展开的研究及其研究思路主要是检验与归纳现有理论在旅游业创新活动上的适用性与可靠性，已经涉及企业家、技术这些具有普遍意义的创新关键驱动因素。除此之外，研究者们也注意到旅游企业似乎也会受到所处的社会网络、系统承载的某种力量的激发形成创新，也因此形成对创新系统作为创新驱动力因素的探讨。不过，从现有研究进展来看，除技术外，在企业家、创新系统是否可以作为旅游业创新基本驱动力的问题上有很大争议。

具体而言，在关于企业家是否是基本创新驱动力要素问题上目前存在较大观点分歧：一是旅游企业不存在“企业家”（non - entrepreneurs）。不同时期的学者展开的研究表明，虽然在旅游业一系列创新中也出现过熊彼特理论中的“英雄式人物”（Hall 和 Williams，2008），但他们仅占很小一部分，绝大多数企业主应被描述为既定生产要素组合的“再生产者”（reproducers），而不是商业的创新者（business innovators）。研究者列举的证据包括多数经营者在创业与经营动机上存在很强的非经济因素，即便存在经济动机，多数企业长期处于生存边缘，也根本谈不上再发展，或者由于利润偏低无法形成创新动力（Weidenfeld，2013）。其他研究则从企业家应具备的能力与创新所需掌握的资源角度否定了企业家在创新中的推动作用，Shaw（2004）将其归纳为——多数企业主只有有限的相关知识及职业经验，他们的经营行为比较随意，很少制定发展战略和业务规划，在基础资源上主要是利用家庭资源和劳动力，没有正式的资金供给渠道，多依靠个人和家庭储蓄，资金的薄弱导致多数企业主是高风险厌恶者。与此同时，一些学者另辟蹊径，指出既然越来越多的研究显示对生活方式的追求和非经济动机在旅游业企业主身上具有显著性与普遍性，那么对“旅游业企业家”的定义就应该更具包容性，应该重新定位与定义旅游业中的“企业家”。Dewhurst 和 Horobin（1998）提出，将衡量一个企业家成功与否的标准扩展为“看他是否有能力延续他选择的生活方式”。二是旅游业有独特的企业家精神的存在，存在“生活方式型企业家”（lifestyle - entrepreneurs）。Ateljevic 和 Doorne（2000）对新西兰探险旅游和其他小企业的调查研究显示，追求个人生活品质和强烈的环境意识观不仅代表了企业主个人对生活的态度，而且这种价值体系深深影响着企业主的管理风格和组织实践，他们会主动拒绝生产与经营旅游市场存在的大量同质化产品。他在文中进一步强调："拒绝完全的利益驱动并不意味着是商业自杀或经济停滞，这些企业主所做的一切就是充分满足利基市场的消费者。"他们是旅游市场新产品的重要推动力量，并且能很好地将自己的价值观明确体现在产品上，同时有能力将创新产品推广引入更广泛的行业。

与上述研究结论高度分化不同，虽然学者们认为旅游业中的技术密集度远不如制造业及知识密集型服务业高，但认同技术特别是信息和通信技术（ICT）是引发旅游业创新的最重要因素，在此方面展开的研究也是近十多年来旅游创新最主要的研究热点（Buhalis 和 Law，2008），相关研究已经具体涉及原因（A）、过程（B）、结果（C）三大方面，具体的包括技术在创新中扮演的关键性角色、对技术创新路径的选择问题探讨，并且也已深入将技术创新理论范式及其理论运用于旅游企业的相关研究。

在创新系统是否旅游企业创新的重要驱动力问题上也存在重大分歧：一是以 Hjalager 为代表的学者认为旅游目的地是一个松散连接的社会网络，创新系统十分薄弱甚至不存在，起不到作为创新驱动力的作用。其关键论据主要是与制造业、高新技术产业集群特征对比后得出，可以归纳为以下四点：①旅游创新产品的生产过程很容易被观察得到并且由于技术含量较低，外部性效应较强，加之空间上的邻近性，集聚企业的创新成果很容易被其他企业模仿和吸收，从而出现"免费搭车"现象。这种通过复制和模仿来降低研发投资和创新风险的做法会极大抑制集群内的企业创新动力（Hjalager，2002；Decelle，2006；Hal 和 Williams，2008）。②从知识管理角度出发（Søensen，2007；Weidenfeld 等，2010），目的地、各旅游组织的多样性（如景点、饭店、酒店、零售业等）导致知识的提供者和接收者之间的差距过大，企业间更多进行的是"探索性知识"（explorative knowledge）的分享，而创新所需的"挖掘性知识"（exploitative knowledge）的交换很少[①②③]。③旅游企业在创新

---

① Cooper C. Knowledge management and tourism [J]. Annals of Tourism Research, 2006, (1): 47-64.

② Søensen F. The geographies of social networks and innovation in tourism [J]. Tourism Geographies, 2007, (1): 22-48.

③ Shaw G, Williams A. Knowledge transfer and management in tourism organisations: An emerging research agenda [J]. Tourism Management, 2009, 30 (3): 325-335.

上多数是“供应商主导”，很少在内部进行自主研发，因此产品价值链上的知识转移对于创新的贡献非常有限（Camisón 和 Monfort - Mir，2012）。④旅游企业之间普遍缺乏沟通和信任，生产上形成的合作关系很难转化成创新合作关系。关于丹麦（Sundbo 等，2007）、西班牙（Søensen，2007；Sundbo 等，2007；Camisón 和 Monfort - Mir，2012）、意大利（Baggio 和 Cooper，2010）、奥地利（Pikkemaat 和 Weiermair，2007）等地的实证研究也显示，目的地创新系统十分薄弱甚至不存在。学者们并没有在该结论上止步，他们从主流创新系统理论视角出发，对近年来在旅游业发达、旅游发展历史较长地区的确出现的明显旅游业集聚现象展开积极探索，研究结论也初步形成了与上述观点的分歧。二是认为虽然旅游业由于它自身的特殊性不具备像制造业、高新技术产业那样的集群特征，但系统产生的效应会在某些时刻成为旅游企业制定、实施某种创新战略的重要驱动力。

通过对已有文献的整理可以看到，目前学者们对主流创新系统理论的两个主要研究视角都有所涉猎（Kokkranikal 和 Morrison，2011）：一个关注创新企业与其他企业、组织之间在互动过程中形成的关系、机制问题对创新的驱动（Hjalager，2008），目前管理研究中多用创新网络来加以定义；另一个将单个企业创新放在更大的范围内加以考察，即区域创新系统、国家创新系统层面（Sundbo 等，2007；Hall 和 Williams，2008；Weidenfeld，2013）。

总的来看，旅游创新在企业家、技术、创新系统要素上表现出来的特殊性已被学者们捕捉到，这进一步加深了我们对于旅游企业创新过程的理性认识，同时给予我们充分的空间进行下一步思考——既然旅游企业表现出这么多差异，那么它又是借助什么来实现创新的呢？

（3）旅游企业创新的情境因素。在情境因素的问题上，主要有以下几个研究特点：

一是涉及对旅游企业技术创新有关情境因素的理论验证性探讨。虽然如前所述，旅游企业创新并不只有技术创新一个维度，但由于长久以来受到技术创新主流理论的影响，有学者已对“熊彼特假说”中技术创新与企业规模之间是否存在正相关进行了检验。Jacob 等（2003）、Jacob 等（2007）和 Sundbo 等（2007）证实两者之间的正相关性。Orfila - Sintes 等证实产权结构对技术创新活动存在影响。对于市场力量与技术创新之间的关系，却鲜有文献加以检验。作者认为，这主要是由于旅游企业存在的市场结构存在特殊性，组织知识之间有着高度的重叠性，个体企业很难存在市场势力，且技术创新只是旅游企业创新形式中的一个维度而已。

二是旅游企业以目的地相联系的网络结构对创新过程和绩效产生的影响引起了研究者的注意。以 Søensen 为代表的学者注意到旅游主体产品生产与消费必须依附于特定地理空间即旅游目的地的特殊性，因此他们将创新过程的因果机制考察重点放在了创新参与主体间的各类地理空间结构问题对知识接收、转移、扩散过程的影响研究上。Søensen（2007）将当下主流创新研究中的社会网理论（Social Network Theory）与集聚理论相结合，试图通过网络密度与网络强度两个维度构建旅游企业特有的本地网络和非本地网络不同结构组合对创新扩散的作用模型。Baggio 和 Cooper（2010）从整体社会网出发，采用模拟仿真方法对旅游目的地网络中创新知识的传播特征与效率进行比较研究后指出，增强不同利益者之间的凝聚性能有效改善知识扩散效率。不过，作者也指出得出的这种所谓“小世界网络”的结论并不是全新的，只是第一次被用于对旅游目的地的验证。Weidenfeld 等（2010）则采用案例研究分析了创新知识在以旅游目的地为中心形成的网络结构中的地理扩散特征，指出空间接近性、产品相似性对创新知识的外溢具有积极的正相关性，但产品相似性较空间接近性对创新知识的发生、扩散能产生更加显著的影响。

虽然目前不同研究方法对旅游创新网络中的知识研究仍处在以描述性经验性研究为主的起步阶段，但是这点发现给我们带来了巨大的惊喜，承上启下地使我们对于“旅游企业到底是借助什么来实现创新”的这个问题有了初步答案，那就是旅游企业正是通过与目的地相联系的高度本地化网络和非本地网络来进行知识的识别、开发、保持与利用。正因如此，对于网络的思考自然而言成为我们进行过程研究的第一个重要突破口。进一步讲，知识资源依附于网络而存在，那么旅游企业又是靠什么样的组织模式、管理机制去获取网络中的知识资源呢?

除上述两点重要的研究特点外，也有学者对于旅游创新的内部组织因素进行了探索，如 Sundbo 等（2007）指出具有创新性的旅游企业通常都使用更专业化的管理手段，包括制定商业计划、日常培训、聘请高素质的员工和积极使用 ICT 等。Tejada 和 Moreno（2013）通过对西班牙安达卢西亚（Andalusia）125 家旅游小企业调查问卷后发现很多非技术因素会对企业创新过程形成影响，其中合作形式、资本结构与创新绩效存在显著相关，企业规模没有被证实，对中介组织的依赖性则是负相关的。

（4）旅游企业创新的知识来源。创新过程旨在回答旅游企业如何有效实施创新，主流创新理论对此方面的研究已形成共识，认为过程研究是从“微观基础”解释复杂系统的行为，以知识和学习为核心（Nonaka 和 Takeuchi，1995）。从研究进展来看，旅游创新也延续了这种思维模式（Guisado - González 等，2013），虽然涉猎内容不管在范围还是深度上都非常有限。具体而言，Hjalager（2002）将创新的主要外部知识来源分为业务、技术、基础设施和法规制度 4 种类型（见表 2.1）。结合其他文献，这里重点需指出 Hjalager 将基础设施作为创新知识源的观点。因为已有研究显示（Drejer，2004；Camisón 和 Monfort - Mir，2012），旅游企业几乎没有专门的研究与开发（R&D）部门进行基础研究、应用研究、试验发展，并且与大学、公共研究机构等直接合作也非常有限，因此鲜有来自这些机构的研究成果应用于旅游企业。Hjalager 却指出，由于旅游在很大程度上是基于自然资源、文化景点、城镇风景、交通系统等“公共商品”的自由组合，这些基础设施通常由政府和公共部门管理，而这些组织更易与 R&D 机构联系起来而从学术研究中获得好处，从而形成非直接性流入旅游目的地的知识来源。因此，她认为，在旅游业，政府等公共部门承担 R&D 部门的作用要远大于旅游企业本身。Cooper（2006）则将旅游企业创新的知识来源划分为内部和外部两种，内部知识来源主要是资深的管理人员和工作人员，客户、供应商、竞争对手、大学则是旅游企业（或组织）创新活动开展的主要外部知识来源。Shaw 和 Williams（2009）将创新知识来源概括为两大类：一类是直接性的，如外商直接投资（Foreign Direct Investment，FDI）、特许经营、规章制度、管理培训等；另一类是间接性的，包括日常观察、专业或行业性刊物、行业协会、专业研讨会等。Hjalager（2010）又将创新知识来源从嵌入性知识、基于竞争与资源能力形成的知识、本地化知识、基于研究形成的知识 4 个方面进行分类。Hardy（2013）则指出，除上述传统知识来源外，网络传媒也正在成为旅游业创新知识的重要来源之一。

**表 2.1　　创新知识的类型与具体知识来源**

| 业务系统 | | | | 技术体系 | | | 基础设施 | | | 法规制度 | | | |
|---|---|---|---|---|---|---|---|---|---|---|---|---|---|
| 供应商 | 客户 | 竞争对手 | 商会或行业协会 | 设备和技术 | 半成品制造工艺 | 外包 | 自然与文化 | 景点 | 交通运输系统 | 环境标准 | 管制标准 | 技术标准 | 健康与安全标准法规 |

资料来源：根据 Hjalager（2002）相关研究整理。

在旅游业知识创造的来源和知识的状态上，Søensen（2007）也进一步指出，旅游业并不是知识高密集型的使用者，而是多由低技能、低知识含量的企业构成。Stamboulis 和 Skayannis（2003）则用“experience - based”贴切地表述了旅游企业的知识特征。Sundbo 等（2007）也指出除技术创新外，旅游企业涉及的更多是服务创新——所谓服务创新并非技术性的，而是服务提供商和个人之间互动行为而引起的一系列行为改变。就此，Sundbo 等再次明确提出旅游业知识创造大多是增量的并且根据实践经验形成的观点。

（5）旅游企业创新的组织学习。对于具体的创新学习过程，研究者已初步形成旅游企业创新投入多数情况下是以知识和技能的形式内嵌于员工或团队中，在与不同部门、行为人之间的交互过程中直接完成的观点。还有很多研究者反复强调，虽然旅游企业多是以小微或非正式经济体的形式存在，但它们的存在毕竟超越了个人，而是以一个组织的形态出现，这就意味着，对创新活动的开展而言，旅游企业需要利用各种有效组织模式或实质性的组织行为去支持创新的实现。但是，从文献整理来看，目前对于具体的组织学习模式的探讨显得非常单薄，近十多年来主流创新理论虽已涉及许多超越企业边界、打破时间与空间藩篱、大大推动创新实现的组织模式，如开放资源开放项目、连发模式、基于社群的同侪生产模式等与旅游企业生产高度契合的模式的探索，却鲜有对旅游企业进行探讨。目前的研究可粗略归纳为以下三个方面：

一是对创新知识获取的基本组织学习行为识别。Hall 和 Williams（2008）提出旅游企业的创新知识一般会经由观察/模仿/和示范、企业间交流、劳动力流动、知识经纪人（Knowledge Brokers）这些组织行为来完成。其中，通过观察而学习是最重要的组织学习方式。另外，Hall 等用“知识经纪人”，Shaw 和 Williams（2009）用“边界管理者”（Boundary Spanners）来意指那些在旅游业有影响的个人。这些人常作为不同国家不同供应商进行各种相关旅游业务往来的顾问和代表，因为拥有多年的从业经验而积累起与众不同的业内知识，在创新知识转移与扩散中扮演关键的角色。Weidenfeld 等（2010）对英国康沃尔（Cornwall）两个旅游目的地调研后却发现，除知识经纪人外，Hjalager（2002）所提出的 4 种创新知识源与 Hall 等确定的创新行为都可以被观察得到。证实观察/模仿是最常见的组织行为，其次是劳动力流动和有计划的景点之间，或与旅游协会、参展企业间的交流。不过，在近期开展的研究中，在国际化和跨边界创新系统（Cross Border Regional Innovation Systems,

CBRIS）背景下，通过“边界管理者”传递与扩散创新得到肯定与证实（Williams 和 Shaw，2011；Weidenfeld，2013）。

二是研究者已认识到旅游企业许多组织学习模式都是建立在当今互联网技术基础之上，如前面对技术与旅游企业创新的探讨，学者们普遍认可这些技术工具在从本质上改进旅游企业与外界的所有互动，大规模、分布式的知识交换与创造成为可能。除此之外，学者们对技术创新路径选择也有所探讨，通常认为，旅游企业很少在企业内部进行技术研发，采用来自其他部门的技术是旅游业创新的重要形式，旅游业的创新在创新模式上属于“供应商主导的创新”。他们还认为，旅游业技术创新是“双重驱动模式”，即技术创新依赖于技术推动与需求拉动的有机结合，倾向于技术创新的二元论（如 Orfila – Sintes 等，2005；Sundbo 等，2007；Weidenfeld 等，2010；Aldebert 等，2011；Camisón 和 Monfort – Mir，2012）。对旅游企业技术创新的演变规律，Hjalager（1994）以巴罗斯（Barras）的“逆向产品周期”（Reverse Product Cycle，RPC）理论为出发点，划分了渐进性过程创新、组织创新、新产品或新服务产生三个阶段，但该理论观点由于没有后续研究加以跟进检验，并没有取得实质性进展。

三是研究者指出了旅游企业（或组织）创新活动开展的特殊性与复杂性。Cooper（2006）指出，在创新过程中，搜寻和获取知识通常发生在更复杂的和非正式的行为中，不仅搜索知识的过程无法被精心安排，而且知识资源很容易被分散。Cooper（2006）、Shaw 和 Williams（2009）也进一步指出旅游企业（或组织）网络化存在的特殊性，并认为这种特殊性决定了知识获取与扩散不能简单移植现有以跨国企业和制造业为基础形成的知识管理理论（Nonaka 和 Takeuchi，1995），即将知识获取分企业内部和外部获取的两分法研究，而应从网络和跨边界视角入手。这个观点再次为我们的研究找到了正当性。此外，人力资本在创新中的作用也受到质疑，学者们指出旅游业从业人员流动性过高且教育水平又普遍低的特点会直接阻碍知识收集、分析、转换与创新（Hjalager，2002，2010；Camisón 和 Monfort – Mir，2012）。Yang 和 Wan（2004）的研究就显示，当人员流动性过高时，即使是操作性知识也很难在组织内保留。因此，研究者认为虽然观察、人员流动是目前旅游业获取、转移创新知识最重要的手段，但与制造业、知识密集型服务业的人力资本相比，其价值非常有限。

总的来说，现有文献对于知识创造的研究更多地关注知识的源头和知识的状态，对旅游企业（或组织）、企业间的知识扩散、其学习行为结构变量及相应的组织模式认识非常有限，研究对象也过于单一，多数集中于酒店，而忽视了其活动内嵌于开放式网络的本质。在研究内容上，对于创新过程研究中组织学习行为的一系列特殊性的把握还很不够。

（6）旅游企业创新的绩效评价。不管是企业（或组织），还是创新研究工作，都需要对创新（及所包括的 R&D）进行度量与评价。当前的研究现状是，对旅游创新的许多基本问题认识泛概念化，除借用二手数据外，不同学者对创新理论常常有不同理解，在研究中基本上是各取所需来设计研究方法、理论假设和研究思路，造成创新研究不能有效地相互补充，对旅游创新测度与实证研究在内容、研究方法上的知识积累非常困难。

第一，关于创新评价与测度的主要方法。目前西方学者在此方面的研究路径主要依托国外几次针对服务创新调查——欧洲创新调查（Community Innovation Survey，CIS）（Camisón 和 Monfort – Mir，2012）、意大利服务创新调查（Italy Innovation Survey，IIS）（Sirilli 和 Evangelista，1998），澳大利亚和新西兰国家创新联合统计（Hall，2009）等所得的数据，但这些研究也仅以描述性统计作为研究结果的分析工具而对旅游创新活动的引入和基本特征进行评价，具体包括创新动力、内部 R&D 活动形式、创新专利申请分布、创新类型分布、创新产出等。此外，在评价与测度问题上形成持续研究的活跃学术群体则集中于对西班牙旅游企业的考察（Jacob 等，2003；Orfila – Sintes 等，2005；Jacob 等，2007；Sundbo 等，2007；Camisón 和 Monfort – Mir，2012；Guisado – González 等，2013）。上述研究证实了对旅游创新的基本假设猜想，得出比较一致的结论：不管是与制造业还是其他服务业相比，旅游企业通常都缺乏创新，存在显著的创新差异。这些差异包括：内部很少开展 R&D 活动，其他类型创新活动开展的频率与比例也不高；很少与其他组织进行合作；很少进行员工培训；创新知识源主要来自开发软件、设备和设施的购买与应用。

我国研究者在此方面的研究主要集中于特定地区、特定旅游项目的旅游创新能力或层次的评价，并且几乎没有涉及旅游企业层面。例如，李允强（2010）对山东文化旅游产业创新能力进行评价，郑辽吉（2013）则通过确定关键创新能力要素，对辽宁省各海岛创新能力进行了系统的比较与分析。

值得一提的是，在文献整理中，我们发现，有些研究并非只针对旅游企业，而是将旅游企业作为服务业的一个组成部分，对其进行的服务创新绩效研究提供了很好的绩效测度方面的知识积累。例如，张若勇等（2010）在验证顾客—企业的交互特征对服务创新绩效的作用机制时，采纳了 Cooper

(1994) 的量表，将包含于旅游企业的服务企业创新绩效维度从财务绩效、顾客关系、竞争地位和市场开拓 4 个方面加以考察。

第二，关于创新测度结果的真实性与有效性。针对当前对旅游企业开展评价与测度研究的真实性与有效性，学者们相继从组织和测度指标两个角度展开了探讨。一些学者（Hjalager，2002，2010；Weiermair，2004；Decelle，2006；Baggio 和 Cooper，2010；Weidenfeld，2013）从旅游企业组织和内部结构特征入手，指出旅游业确实存在大量结构性和行为性因素，对实际创新和测量结果都会起限制和障碍作用。这些障碍性因素包括：企业规模太小，创新投入常无法达到规模经济效应；"搭便车"现象普遍存在，导致彼此缺乏信任与合作；企业的存活率很低，所有权变化太快；旅游企业通常由一个小管理层和大量非职业雇员构成，这些员工缺乏职业规划、流动性又强，企业又很少给予培训，造成个人作为创新知识转化的信息库很难发挥作用。

另一些学者（Arundel，2007；Camisón 和 Monfort - Mir，2012；Liburd，2012）则从评价与测度指标本身入手，并不认同目前的数据获取来源、采用的测度指标体系，认为它有可能是低估、错估实际发生中的创新。学者们提出的依据主要集中于：一是认为这些原本用于评价地区和国家层面创新的指标用于评估企业层面的创新活动值得商榷。以数据收集为例，CIS 中样本企业不包括少于 10 名雇员的企业，而旅游企业多以小微企业为主，研究者对所调查样本对总体的代表性产生质疑。二是认为对不同旅游活动的不同创新特征用"一刀切"的方法进行调研不利于挖掘旅游企业创新活动的本质。三是现有指标仍主要侧重于产品和过程创新，非技术创新仍然没有被完全捕捉到，如多数二手数据并没有体现旅游企业在组织和市场方面更多的模仿性创新实践。

在创新投入产出指标的选择上，Camisón 和 Monfort - Mir（2012）提出，可以考虑将现有的熊彼特理论与动态能力理论结合，将旅游企业在熊彼特创新衡量方法中难以界定的创新投入产出（即存量指标）通过动态能力中的流量指标加以补充，并且流量指标由于集中于对企业创新能力（即知识吸收能力）的考察，一定程度上可以消除不同旅游活动的创新特征差异及不同国家旅游企业无法有效比较的难题。Thomas 和 Wood（2014）则进一步修正了旅游企业吸收能力的测量指标。

总体而言，虽然目前学者们对旅游创新活动和创新绩效的概貌有了总体把握，但从信息学的角度看，它所拥有的信息量是许多人，特别是从事创新实践的人所不能满意的。这些指标没有从根本上解决对企业层面创新各要素间的互动关系和知识流动的认知，缺乏对旅游企业创新原因（A）、过程（B）、结果（C）及其之间关系应有的考量。另外，这些定性指标也没能准确反映旅游企业的实际获利情况，如模仿的普遍性使得先动性成为包括旅游企业在内的一般服务业的普遍获利原则，但当前指标——如对与产出的衡量——却鲜有涉及，因此改善传统创新衡量方法，提高各种方法，尤其是应如何结合旅游创新的特殊性、有效借鉴主流创新理论在此方面已经形成的一些相对成熟的测量方法，以提高旅游企业创新衡量中的有效性，也是发展旅游创新理论研究必须克服的难题。

### 2.1.2　旅游企业创新研究的拓展空间

创新是企业保持成长的必要活动，如何通过创新最大化服务资源整合所形成的生产力，对于旅游企业来讲意义重大。通过建立原因（A）、过程（B）、结果（C）的研究内容整合框架，我们总结了当前旅游创新研究一系列有价值的共识及争论焦点，这无疑有助于对本书涉及关键科学问题认识的清晰化、明朗化；同时，对文献的研究也激发了我们对本书设计与方案的一些思考和想法。

（1）对本书研究对象的理性认知。在旅游企业创新过程研究对象的问题上，关注旅游企业创新的研究者已经注意到旅游企业存在的“有趣”[①] 组织

① 使用“有趣”去表述旅游企业与其他服务业、制造业存在的差别也是基于学者们对旅游业认知的一些先例，如有经济学者（Calveras 和 Vera - Hernández，2002）就已经指出，“大家都承认旅游业是一个重要的经济行业……从经济学视角来，旅游企业确实存在很多有趣现象如市场势力、纵向关系、外部性等特征。但是，却鲜有人就这些做充分的理论分析。”我国学者宋子千在其文中也着重引用了此观点，并进一步指出旅游学科要想提升自己的学科地位，旅游业这些行业特点的进一步理论化有助于旅游理论的产出朝“那些超出旅游领域应用范畴的通用性理论”层次上进行发展的很大可能。他的观点也给本文很多启发，旅游研究应脚踏实地以旅游业的典型行业特征为研究前提，同时有两个研究问题需要在研究过程中反复的去加以平衡，一是我们需要不断拷问自己，我们的假设和推理是否真的能反映出旅游业创新过程的典型性，如果给人的感觉是有没有“旅游”这个“帽子”差别不大，或是简单将主流创新理论应用于旅游企业，那对旅游企业的指导意义何在？二是研究提出的观点能否进一步去展开与主流创新研究的对话？如对于目前由于信息和通信技术的发展出现的更小经营单位的小微企业，他们很多方面与旅游企业有很多相向之处，例如他们在组织学习、知识创造方面就表现出共通之处，对外界知识强烈的依赖，与此同时面对外部众多的知识源，如何有效避免冗余知识提高企业创新能力？这些相似问题的探讨，使得我们不禁要问，我们的研究是否也具有一般化效果、对这些企业也会产生一定的理论借鉴意义呢？因此，能否在“旅游化”与“去旅游化”之间寻求恰当的研究主题对判断研究质量是非常重要的。

现象对旅游企业创新行为的“扰动”[①]：创新维度的丰富多样、企业主、创新系统、人力资本、在经营中多靠感觉（tacit planning）、知识的外部性、生产的纵向性、复杂的交互式过程、模仿、中小企业……这些观点只是零珠碎玉似地散落在不同的文献中，多以经验性描述为主，缺乏系统性的内在关联认知，缺乏理论抽象的高度；并且从现有研究能看到，由于至今找不准造成多数旅游企业常陷入“生存怪圈”的真正病根，很多研究常常陷入“鸡生蛋、蛋生鸡”的研究怪圈，理论难以形成有效积累，对实践的指导意义不大；相应地，造成以此为理论支撑的研究对旅游实践的解释力和影响力作用有限。那么，上述提到的特征与因素到底哪些从根本上决定旅游业以这样特殊的联合生产方式出现，造就旅游企业成为这样一批具有鲜明属性特征的企业群体？这些结构性和行为性因素又是如何进一步引致旅游企业创新独特的轨道与方向？虽然对于其他学科而言，这些涉及与内涵高度相关的基本学科问题是很少被专门界定与探究的，但对旅游企业研究而言，科学界定、表述其“服务专业轨道”[②] 势在必行，因为它有助于理解创新形式、特点及规律，是开展后续定性、定量研究不可或缺的研究程序与基本前提。

（2）对本书采用研究方法的启发。在旅游企业创新过程研究方法的问题上，有两点需要说明：一是已有研究以质性研究为主，虽然有文献采用调查问卷，但数据处理多采用描述性统计，案例研究也是以提供大量经验性描述为主，都缺乏实证检验，导致许多观点的证据说服力十分有限。因此，要想夯实旅游创新基础理论研究的根基，必须引入通过理论构念进行测量、对所要研究的现象进行假设检验的实证研究环节。二是旅游创新研究中的很多科学问题都存在情景依赖性，现有理论的适用性和可靠性在旅游创新许多基础理论研究上引起的争议也是显而易见。因此，我们再次肯定了这样一种研究思路，那就是要想系统性构建旅游创新框架，真正为理解旅游业的创新管理提供具有洞察力的见解，必须在继续深入和拓展现有研究以提供描述和检验理论的研究目标基础上进行理论构建，而将“案例构建理论”（Eisenhardt，

---

① 采用“扰动”更多想真实反映已有研究对旅游业开展创新的悲观性的认知，对于这种研究情绪，究其原因，我们发现，多数是由于已有研究多数仍是缺乏有效的研究范式和研究角度去探究旅游业的缘故。

② 轨道（trajectory）是社会系统中传播的概念和逻辑。服务企业的创新常常会受到各类轨道的制约。在各类轨道中，最重要的就是服务专业轨道，它是指存在于不同服务专业（如金融、医疗、旅游）中的一般性知识、基础方法和行为准则。这类轨道由特定服务部门自身的性质决定，创新活动的发生和发展都必须以此为基础，在轨道约束和演进的范围内进行。

1989）的研究方法引入旅游创新研究不失为一个机会与挑战。该种方法主要是引导研究者关注那些没有明确答案却非常重要的问题。有别于定量数据，案例研究可以为复杂的管理过程给出不能轻易揭示的洞见，尤其是它根据“情景”重构全新理论框架，要求形成的理论具有新意、可检验、具有实证效度。归纳式案例研究强调对新的构念、量度和可验证的理论命题的开发，这点使它和强调理论可验证性的主流演绎式研究可以保持一致，两者相互结合可以形成完整的研究周期（Eisenhardt，2007）。这种做法已被越来越多的研究者采纳，而上述研究逻辑很有可能为旅游创新带来理论发展上的重大突破。

（3）对本书研究视角的启发。在旅游创新过程研究视角的问题上，也有两点需要说明：一是旅游企业创新知识的组织学习机制问题。创新的关键就是知识和信息的生产、传播和使用。许多研究更多地关注知识的源头和知识的状态，现在需要的研究是超出源头和状态范围的，要弄清旅游企业如何从外部网络中获取知识资源（Scott 等，2008），要考虑有利于知识创造的条件（Alavi 和 Leidner，2012）。当前国内外关于旅游企业的知识管理研究也主要是从普通管理入手（Chaston，2012），很少有人从知识管理的角度来研究旅游创新问题（Shaw 和 Williams，2009），并且对旅游企业内部创新过程的许多“因果机制”的关注也远远不够，已有研究仅涉及技术作为创新知识的部分，其他类型的知识创新及其“因果机制”并没有被给予足够关注，尤其是对于旅游企业的组织学习方式类型的认识仍存在很多模糊之处。例如，对《*Tourism Management*》等期刊进行文献搜索，我们发现研究者对 Hall 和 Williams（2008）关于旅游企业的组织学习分类方法较为推崇，但是仔细推敲，这种分类方法下的组织行为之间不仅存在重叠，而且虽然突出强调旅游企业组织学习以“拿来主义”为主的特殊性，却忽视了企业“拿来”知识后，知识在企业内部也会出现变异的情况，因此非常有必要寻求恰当的组织学习分类方法，系统性诠释旅游企业创新的“微观过程”。

二是开放环境下的旅游创新网络及其参与者的行为问题。已有研究对外部环境的关注还很不够，缺乏聚焦。虽然许多文献在提到旅游业的特殊性时，都会指出其网络的复杂性——如以目的地相联系的空间网络、上下游企业间形成的投入—产出关系网络（或垂直关系）又与制造业和其他服务业存在很大差别等等（Hjalager，2010），但目前对创新行为内嵌于这些关系网络中的研究很少，对旅游企业生产网络如何转化成企业创新网络、旅游创新网络的总体结构认识也是模糊不清。与此同时，互联网的迅猛发展为当代信息传播提供了一条崭新的途径，更是全面彻底地加剧了旅游企业的网络复杂性。组织信息传播呈现多向、多极特性，不同网络形成的交互行为与价值共同创造过程相互交织，使得管理边界更加难以被准确描述和精确评估，资源配置范围及方式也发生改变，同时也改变了创新参与者的行为特征。因此，更加关注外部环境特点，聚焦于与旅游企业组织运行相适配的企业与市场的中间组织层次——外部网络对于创新行为的影响成为旅游创新研究的客观需要。

## 2.2 网络能力理论

### 2.2.1 网络能力的理论基础

由于很好地解释了“企业为什么存在不同以及如何获取竞争优势”这样的管理基本核心问题，企业资源观理论（Resource - based View，RBV，或称为资源基础理论）自 20 世纪 90 年代以来发展成为战略管理领域最有影响力和最优秀的分析体系和理论框架之一。其理论逻辑主要是将企业视作一个资源和能力的集合体，认为一个企业能获取超额回报（租金）、形成竞争优势，不仅因为其拥有更好的“异质”资源（resource）（Wernerfelt，1984；Barney，1991；Peteraf，1993），而且因为该企业具有更好利用这些资源的动态能力（capability）（Prahalad 和 Hamel，1990）。

随着封闭的熊彼特创新逐渐被不同成员汇聚在一起共同创新的模式代替，开放成为企业创新的新常态化环境表征，与供应商、顾客和竞争对手等外部组织间的关系则从传统的单一二元关系向多组织间相互依存和相互关联的网络关系发展（Gulati，1998；Yang 等，2010）。企业外部网络从形式上看是企业间关系的集合，而实质上又是关系中蕴含的潜在资源的集合，相关研究也进一步证实，能够为企业带来竞争优势的资源（或称知识基础）已不再被局限在企业的边界内，而是跨越组织边界、嵌入更大网络结构的一种跨组织资源（王雎，2006），价值创新则转向通过套嵌在密集的互动网络中而实现。除资源基础理论外，社会网络理论丰富成果的引入进一步加深了对企业网络本质的认识，除提供了可借鉴的思路与宽阔的研究空间外，更是夯实了网络关系的工具性价值功能（方刚，2008）。

与此相适应，企业利用资源的动态能力亦被提出更富针对性的要求，企业必须由网络中被动的价值提供者转变为价值创造者（邢小强和仝允桓，2006），主动进行网络管理，动员外部成员的知识与能力，优化网络关系，塑造网络愿景与价值，提高知识获取与转移的效率，促使新商业模式、新产品和新服务不断出现，才能在复杂多变的开放式创新环境中赢得持续竞争优势。这种嵌入网络的特殊能力（capability）、胜任力（competence），或称为网络能力，开始逐渐进入企业经营者和理论界学者的视野并得到广泛关注，网络能力作为企业在开放创新环境下不断演化和更为细化的一种动态能力（邢小强和仝允桓，2007），被认为是提升企业创新水平和获取竞争优势的重要源泉之一（Gemünden 等，1996；Dyer 和 Singh，1998）。

### 2.2.2　网络能力的内涵与维度

最先提出企业网络能力概念的是学者 Håkansson（1987）。他将网络能力定义为企业改善其嵌入网络中的位置的能力和处理某二元关系的能力。随后，网络能力的发展同样遇到了多学科交叉融合，国内外学者相继从组织间关系等视角出发对网络能力这一范畴变量进行了定义（Johanson 等，1988；Möller 和 Halinen，1999；Ritter，1999；Ritter 等，2002；Ritter 和 Gemünden，2003；Hagedoom 等，2006；徐金发等，2001；邢小强和仝允桓，2006；方刚，2008；朱秀梅等，2010；任胜钢，2010；任胜钢等，2011；王海花和谢富纪，2012），虽然尚未达成共识，但在网络能力概念的内涵界定上主线也是非常分明的。

一是目前以能力视角为主，研究者多数受动态能力理论以 Teece、Dyer、Amit 等学者为代表、在学术界受认可度高的这一流派影响，能力的资质观是普遍认可的观点，因此在概念之间的差别也只具体反映在构成维度的包容性上。二是 Möller 和 Halinen（1999）、Ritter（1999，2002）、Hagedoom（2006）等学者的研究非常具有典型性，后续很多研究都是在其基础上进行丰富、验证与完善。如我国学者徐金发等（2001）从战略、关系和过程层面将网络能力划分为网络构想、网络关系组合和网络角色管理 3 个具体的能力维度；邢小强和仝允桓（2006）则将网络能力划分为包含网络愿景、网络管理、组合管理、关系管理 4 个具体维度的能力。

除上述理论探讨外，与先前研究相比，近些年对网络能力构成维度进行的定量研究日益丰富。现有量表的开发和测度研究特点也是建立在 Ritter 等、

Möller 和 Halinen、Hagedoom 等学者的研究基础之上。有研究者直接采用 Ritter 等的理论贡献进行后续实证研究（如陈学光和徐金发，2007；曹鹏等，2009），也有研究者认为，Ritter 关于网络能力的具体构成中只在任务执行维度进行了层次划分，而该层次内部跨度过大且甚为单薄，并不利于拿其理论对实践行为进行理解，尤其是不利于理论在操作层面上的转化（任胜钢，2010）。目前在我国，大部分学者在网络能力构成维度的理论层面、研究与操作层面的变量测度方面都遵循了 Möller 和 Haline 的观点（如徐金发等，2001；邢小强和仝允桓等，2006；方刚，2008；任胜钢，2010），并形成了相对丰富的实证研究积累。与 Ritter 等、Möller 和 Halinen 的切入角度不同，Hagedoom 等（2006）借助社会网络的结构洞（Burt，1992）理论界定了网络能力的内涵，在该种研究思路下，尤其是在我国，出现了一些高水平的基础性研究成果（如王海花和谢富纪，2012）。

具体而言，方刚（2008）将网络能力划分为战略性网络能力和操作性网络能力两个大的维度，其中网络规划能力对应于战略性能力，网络配置能力、网络运作能力和网络占位能力则归入操作性能力，并由此开发了量表进行相应的实证研究。朱秀梅等（2010）在进行具体网络能力的维度设置时提出，网络能力的 3 个构成维度存在内部因果作用，其中网络导向对网络构建和网络管理具有显著正向影响，并由此形成了 3 个大维度、8 个子维度和 32 个题项的测试量表。任胜钢（2010）提出网络能力由网络愿景、网络构建、关系管理和关系组合 4 个层次以及细分的 13 个能力要素构成，并进一步对开发的网络能力测度量表进行了统计检验。王海花和谢富纪（2012）通过借助结构洞的理论，利用实证研究确定了涵盖网络构想能力、网络建构能力、网络利用能力、网络解构能力和网络重构能力 5 个维度、12 个子维度和 37 个题项的企业外部知识网络能力测量量表。总的来看，问卷测量法是目前对网络能力的主流测量方法，并且这些量表的很多基本题项都进行了很好的理论延续，并通过了很好的信度和效度检验，为本书后续实证研究打下了坚实的理论基础。

### 2.2.3 网络能力与创新绩效的关系

关于网络能力与组织创新绩效之间关系的探讨，先前的研究主要集中于理论层面，近些年实证检验研究也取得了不小的进展。网络能力对企业创新绩效和竞争优势具有积极的正向影响作用已被大多数研究者所肯定。研究者认为网络能力对企业绩效和创新会产生直接影响，部分研究开始涉及网络能力对企业绩效作用机理的进一步分析（包括中介效应、调节效应），不过相对有限的文献也多集中于后者（孙文文和蔡宁，2012）。主要是由于多数研究者将网络能力视作一种动态能力，因此在两者关系研究上也同样有很多共通之处。网络能力使企业通过创造、拓展、修改、整合并重构企业关系增强企业获得外部知识和资源的机会和可能性，进而让企业能够及时改变和通过创新活动有效应对市场、需求者和技术的变化。研究者认为，这种能力也是一种“隐性”能力，它要对企业创新绩效发挥作用，需要通过技术研发、学习等多种“实质性”的能力（Esenhardt 和 Martin，2000；Zahra 等，2006）或路径依赖、演化，不过目前对于哪些变量在网络能力与组织绩效之间发挥中介作用并没有达成一致。Ritter（2003）提出，除对企业创新绩效具有直接的影响外，网络能力还可以通过提高与其他网络成员之间的技术交互水平，对企业创新绩效产生正向影响。陈学光（2007）以浙江省 252 家高科技企业为样本，通过数据分析发现除网络能力对创新绩效有直接的显著积极影响外，网络能力还通过对创新网络的结构特征产生显著积极影响，对企业创新绩效形成显著积极影响。任胜钢（2010）通过问卷测量发现，网络位置和联系强度会在网络能力对企业创新绩效的影响中起到中介作用。

此外，基于前人研究结果，知识、能力和学习是企业创新的基本要素，在关于动态能力的研究中，Zahra 等（2006）也指出学习是实现资源结构到实质性能力转变的中介变量，但文献检索发现，以组织学习作为中介变量，在网络能力、组织学习、绩效或创新绩效之间关系方面的实证性研究很少，如方刚的研究（2008）也仅关注了知识转移在其中起到的中介作用，朱秀梅等（2010）实证检验了知识资源获取在新企业网络能力和组织绩效之间发挥完全中介作用。

## 2.3　组织学习理论

### 2.3.1　组织学习的理论基础

作为资源基础观的延伸（Grant，1996），知识基础观（Knowledge - based

Theory of the Firm）认为，知识对于企业而言是最具有战略价值的资源，因此企业对于知识的创造、存储以及应用成为获取竞争优势的关键（Kogut 和 Zander，1996）。这就意味着，每个企业获取资源的同时，也只有将这些知识内化并加以利用才能最终形成自身的竞争优势（Richter 和 Kai，1995）。组织学习描述的就是这样一个以组织为整体、通过与环境发生互动而进行学习的过程（March，1991）。企业员工以共享的价值观念、信仰和规范为前提，通过共享信息、共同创造组织记忆（Organization Memory），引起自身思维模式和行为方式的改变，从而采取创新活动和先动活动，进而对组织产生影响（王永贵等，2003）。因此，自 Argyris 和 schon（1978）在 20 世纪 70 年代首次明确提出组织学习（Organizational Learning）这一概念，该概念随即成为战略和组织研究的热点。组织学习理论在知识产生、变化的过程及与企业能力的关系上形成了颇为丰富的阐释（Crossan 和 White，1999）。组织学习和知识相互影响和相互促进：组织学习能够不断地将获得的知识内化于学习主体，而学习主体的知识累积反过来又影响后继的组织学习，组织学习是组织的创新过程（陈国权和马萌，2000），因此也越来越多地被用来解释企业的创新行为。大量研究结论相继证明，组织学习是企业创新及解决企业创新低效率和无效率问题的一种非常重要的机制。

进一步讲，在探讨组织学习对企业创新的具体作用与影响机制时，研究者发现，受“共时态”封闭式创新范式和技术创新理论的影响，企业在具体创新过程中强调对全新知识的探索，认为最先把新技术、新知识转化为产品的企业定能获得成功。相应地，企业在探索新的知识和技术方面投入大量物力、财力，重视专门知识生产者（有组织的 R&D）的作用成为企业通常的做法（高良谋和马文甲，2014）。在研究者看来，企业对全新知识和对现有知识的学习行为特征和相应开展的组织管理活动特征是截然不同、泾渭分明的。因此，当 March（1991）开创性地从理论上将组织学习表述为利用和探索两种学习范式后，由于该定义很准确地区分且全面反映了封闭式创新下企业组织内部两类性质不同的学习行为（He 和 Wong，2004）并具有极强的操作性，大量研究便通过探索和利用这种二元法来探讨企业创新的各种问题，该范式成为企业创新尤其是技术创新中组织分析的主导范式（彭兴敏，2009）。

根据 March（1991）的经典定义，“冒险、搜索、试验、尝试、应变”是探索性学习的行为特征，而“筛选、高效、执行、实践”可以被用来指代利用性学习的行为特征。然而，考虑到本书研究的对象是旅游企业这一具有鲜明特征和独特现象的群体，其创新活动的开展具有明确的前后关联环境，因此在初步弄清上述主导范式后，我们首先考虑的是这样的分类方法的适用性原则，或者说它适合于对哪类企业的研究；这样的二元法是否能有效引导我们将要开展的田野调查与数据收集，深度发掘与理解与旅游创新有关的重要现象。在肯定回答上述问题之前，我们是多少存在顾虑的。出于上述考虑，本节决定系统梳理包括探索式和利用式学习在内的、目前在理论与实践上已获得很好检验的组织学习分类方法，重点从它们的定义、内涵、适用情境、与创新之间的关系及测量维度这几个方面展开述评，采用边破边立的评述方法，尽可能地扩展搜索文献的范围，以期用最匹配的分类方法与理论去“深度描述”和理解旅游企业创新的现象。

## 2.3.2 组织学习的不同双元理论

在具体文献整理中，我们倾向于在选择分类时把不同类型的组织学习作为创新过程而非创新结果，因为这样可以具体把握不同学习类型承担的组织活动，更容易找到企业在这些学习方式上的常规性和非常规性（anomaly）活动的规律（Gupta等，2006）。基于这种考虑，我们发现，当前存在探索和利用、显性和隐性、获得式和利用式学习这样3组较为常见的双元学习分类方法。

（1）探索性学习和利用式学习的理论及启发。在探索和利用式学习的内涵问题上，由于后期研究者将研究焦点转到了在探索和利用基础之上的二元性理论（Ambidexterity Theory）上（Gupta等，2006；凌鸿等，2010），我们整理文献后发现，对于概念本身的拓展和修正的研究其实并不多，目前多数研究对利用和探索的内涵问题大多是采纳March（1991）的观点的，认为探索和利用都包含学习、与创新高度相关，差别则主要体现在每个概念所折射的学习类型、知识属性及数量的不同。探索和利用都存在通过学习获取新知识的过程，只不过它们在具体的实现路径上存在明显不同，沿着以往的旧轨道学习是利用式学习，沿着完全不同的新轨道进行学习是探索，新颖的（novelty）、全新（new）的知识属性是探索这种学习方式的追求。

对于本书而言，虽然尚不能确定是否使用上述分类方法，但此法仍给予本书研究启示，那就是不管最终研究采用哪种组织学习分类方法，都倾向于March（1991）等的观点，任何形式的学习都与创新有关。另外，在实际调研中，本书也会遵循探索的行为特征，如搜索、承担风险、变异、创造和灵活性特质，强调追求新的知识，应用具有选择、实施和执行、降低变异、提高效率这样的行为特质，强调对已有知识的进一步使用和开发这样的定义，也会根据该定义，在实际调研中通过事实检验旅游企业是否存在基于这样分类的学习行为。

除上述讨论外，在关于探索和利用的外延问题上，首先我们关注的是这一组概念使用的假设条件。对于这个问题，March（1991）的一系列文献都很明确，认为探索和利用都会竞争企业有限的资源，在管理实践中难以调和与同时实现（Gupta 等，2006）。这个假设前提对本书的启示就是，企业只是资源有限而已，这种界定和没有资源、没有知识基础是截然不同的两个概念。另外，通过对已有研究的梳理，我们看到研究的企业多为制造业或高新技术企业，并且针对的也是这些企业的技术创新活动（He 和 Wong，2004），且被研究企业多处在成长期或成熟期，这就意味着这些企业已经有一定的专业知识基础，否则谈不上“利用是对企业现有知识的改进，探索是偏离企业现有知识的轨道”这样的问题。即便目前将二元问题引入开放式环境，认为资源已经不受限制，我们还是认为，探索和利用的分类仍是基于企业已有一定内部资源或者说需要借助于企业强大的吸收能力才有条件开展的创新组织活动。

还需要指出的是，Li 等（2008）建立的关于探索和利用概念的整合分析框架认为，这两种不同的学习活动在价值链上的不同职能环节都会有所涉及，如对基础科学知识的探索与利用、对应用技术知识的探索与利用、对产品市场知识的探索与利用，还有跨职能知识的探索与利用。也有很多研究从距离空间角度切入，将利用看成搜索本地的或最近区域知识的学习活动，将探索看成远距离的或跨时空的学习活动。目前在这两大类研究上都已有了非常丰硕的知识累积，不过对于探索和利用与创新绩效的关系，并没有统一定论。

对于本书而言，首先，探索和利用式学习对企业资源和能力的较高要求与大多数旅游企业常年处于生存边缘、内部资源和管理经验缺乏、外部市场份额低、市场能力贫弱等特征属性是存在很大出入的，因为不管是探索性还是利用性学习，都要求企业具备一定的生产经验基础和较高素质人力资本，相应地对整合、利用和开发知识资源的能力也提出较高要求。此外，探索式学习内在的本质具有较高不确定性和较大风险（March，1991），这点更是加重了旅游企业生存的负担。因此，能否采用探索和利用性学习去恰当解释旅游企业的创新过程在此就遇到了巨大的阻力。其次，不管是针对价值链上环节开展的研究，还是针对知识空间距离域而进行的研究，与旅游企业都存在差异：第一，旅游企业生产旅游产品存在特殊的联合生产方式，一个完整的旅游产品是由多家旅游企业联合生产提供给消费者的，并不具有上下游价值链的投入产出关系；第二，从空间域来看，旅游业是以目的地相联系的网络和非本地的业务网络，已有研究者认为，本地网络的知识与制造业存在很大差别，这是前面的文献已经提到的，所以这也是本书在评述过程中得到启发的同时，对于直接借用已有成果有所顾虑的地方。

（2）显性知识和隐性知识的理论及启发。正是基于上述对创新研究主导组织分析范式探索和利用存有的顾虑，本书继续扩大支撑理论的搜索范围。基于显性和隐性知识划分基础的学习模式正是基于上述背景而被纳入理论基础综述。其实关于显性知识和隐性知识的划分要远早于探索和利用，在 20 世纪 60 年代就被英国物理化学家和哲学家 Polanyi（1958）率先提出。所谓隐性知识（Tacit Knowledge）是与个人和特定的情境相关且难以表达和沟通的知识，显性知识（Explicit Knowledge）则是可以编码（codified）、制度化并可用语言来表达的知识。在 Polanyi（1958）看来，隐性知识非常重要，他认为半数左右的知识是不易扩散的隐性知识，支配个体的核心资源正是这种知识，它又是形成显性知识的基础。Polanyi（1958）很好地表述了知识自身的属性特征尤其是隐性知识是难以模仿、是个人或组织形成竞争优势的观点，该观点内容被企业资源观（RBV）发扬光大，成为其重要分支——“知识观”的重要理论基础（Nonaka，1994；Spender，1996），“隐性”与“显性”之间的转换就此成为知识管理长期关注的焦点，也形成了大量的研究，其中学术界普遍认同隐性知识是企业创新与竞争优势的重要来源。

在内涵问题上，容易沟通和共享是显性知识的基本特征；相应地，这种类型的知识也极容易被竞争对手模仿。对企业而言，显性知识显然无法形成持续有效的竞争优势。基于这样的逻辑，运用隐性和显性二分法的研究都隐含着“隐性知识比显性知识更具有价值”的潜在假设前提；相应地，相较于显性知识，隐性知识与创新引起的兴趣和获得的关注更多。在具体的概念界定上，在此领域最有代表性的学者 Nonaka（1994）将隐性知识更加具体化，提出隐性知识是高度个人化的知识，它根植于行动、经验，并深受个人所处环境的约束。他将隐性知识具体划分为两个维度：一个是经验、技巧、技能、诀窍等专业技能维度；另一个是认知维度（如价值观、信仰、心智模式等）。Nelson 和 Winter（1997）则从组织理论角度对隐性知识内涵进行了进一步的拓展，认为隐性知识不仅存在于人们的头脑中，也同样存在于组织中，企业层次的隐性知识是有别于单个个体或群体的知识特质的，如企业文化、团队默契和协作能力、企业惯例，等等。除上述重要观点外，目前对于概念本身的拓展和修正的研究并不多，研究者普遍接受隐性知识具有非编码化、路径依赖性、垄断性和对环境的依附性这几个重要的特性（汪慧玲和韩珠珠，2009）。这些特性也直接决定了某些隐性知识有进一步发展成具有价值性、稀缺性、不可模仿性和难以复制性的企业核心能力的巨大可能性（王江，2010）。

与此同时，研究者在看待隐性和显性之间的关系时，并没有像对待探索和利用时的对立观念，而是认为显性和隐性是一种相互依赖并共同提高知识质量的关系，隐性知识是发展和解释显性知识的必要背景（Polanyi，1966）。Polanyi（1958），还认为所有知识都含有隐性的一面，一个知识体隐性的部分越多，提供给人们新的暗示和创新的机会就越大（赵士英和洪晓楠，2001）。

关于隐性知识对企业创新绩效作用机理问题，最为经典的理论是 Nonaka（1994）的 SECI 模型。他将技术创新的过程看作知识生产的过程，认为技术创新是知识显性和隐性维度之间的连续相互作用、从个体到群体再到组织层面螺旋式的增长流。这个过程包含隐性到隐性知识的社会化（如学徒关系）、隐性到显性知识的外化（如最佳实务或所学经验的结合）、显性到显性知识的整合（如文献调查）、显性到隐性知识的内化（如从阅读和讨论中学习和理解知识）这 4 种知识创造模式。在 Nonaka（1994）看来，整个知识创造的核心是个人隐性知识的拥有量，隐性知识转化为显性知识的外化过程是完成整个组织知识创造的最为关键的部分。因此，前期研究都基于 Nonaka（1994）的这种观念，研究者顺着“隐性知识显性化能大大增加组织知识存量、提高组织响应性和创新能力”（吴晓波等，2007）这条思路，专注于隐性知识的显性化程度对组织创新绩效的作用机理研究，并对知识的显性化程度进行了相应的量表与相当丰富的实践应用研究，尤其是关注信息化技术在隐性知识显性化过程中的深度开发与利用，旨在增强组织创新能力和反应能力（Maryam et al.，2012）。

随着研究的不断深入，研究者注意到，隐性知识对企业创新的贡献并不只是通过其显性化过程来实现的，共享或传递也可以实现。高鹏和安立仁（2010）将这个过程用“隐性知识学习”进行了概括。不过，我们进一步追踪文献后发现，后期关于隐性知识与企业创新绩效的实证研究是少之又少。

对于这种理论抽象层面成果丰富而操作层面出现断层的研究现象，我们也反复进行了思考，认为这可能是由于隐性和显性知识进行有效区分的指标测度并不像想象中那么容易。如上所述，任何知识都有隐性的方面，对于学习主体来说，一个知识单位是作为一个整体来完成包含建构、储存、转移与应用的整个“知识过程”的（Pentland，1995），加上已有研究者指出，Nonaka（1994）的 4 种知识创造模式相互依存并且每一种模式都依赖、贡献、受益于其他模式（Maryam 等，2012），这更增加了单独识别隐性知识对创新绩效作用过程的难度，导致后续大量研究转向将知识作为一个整体来研究组织内和组织间知识转移与创新绩效的前因后果（Wijk 等，2012）。

对本书而言，在旅游企业的专业研究领域，早有研究者注意到旅游产品特征及其生产方式独特性的叠加直接决定了隐性知识在旅游企业的丰富性（饶勇，2008），指出隐性知识占旅游企业知识总量高达 90%（Cooper，2006）。在前面关于旅游企业创新研究的文献中已有线索指出旅游企业尤其是一线员工创新行为的隐匿性特征（Hall 和 Williams，2008），对其加以管理异常困难，显性化手段是将隐性知识转化为企业能力的理想途径（Cooper，2006），等等。因此，这也是本书在寻找恰当理论基础过程中无法避开试图用显性和隐性知识学习这样二分法去解释旅游企业创新过程与现象的缘故之一。现有研究，尤其是 Nonaka（1994；1998）等学者关于企业知识分类的系列研究——将注意力集中于支持不同类型的知识和不同类型知识之间的流动——为本文理解旅游企业的知识构成及转化模式提供了理论在抽象层面的系统化理解，不过在展开实际调研前我们对于这种二分法也是带有部分疑问的。第一，旅游企业的隐性知识特征是否符合主流研究对隐性知识的界定（蔡宁伟等，2015），因为我们在实际中看到，旅游企业快速“模仿”的组织学习现象似乎表明其隐性知识并不具有排他性和独占性特征，这点与主流研究可以说存在较大出入。第二，我们清楚理论是由抽象概念和操作构成的，抽象层面的理论由构念和命题构成，操作层面的理论则由变量和假设构成，而目前不管主流研究还是旅游企业知识管理方面的研究，对于隐性知识学习在操作层面的有限量化研究与难度无疑又加重了本书对于该二分法选择的顾虑。

（3）获得式学习和实践式学习的理论及启发。正当寻找合理表述旅游企业组织学习方式的理论基础工作陷入一筹莫展时，《管理世界》2013 年第 4 期发表的一篇名为《获得式学习与新创企业创业：基于学习导向视角的实证研究》的文章引起了我们的注意。该文章考虑到新创企业区别于成熟企业

“新”和“小”的属性特征，认为这些特征造成新创新企业资源更为匮乏、面临生产经营的不确定性更为突出，进而认为内部资源和能力的约束决定了新创企业在组织学习方式上会与成熟企业有所差异，即新创企业更需要及时获取外部资源并加以利用，从而生产出独特的产品和服务，在激烈的市场竞争中脱颖而出。也因为自身经验的不足及能力限制，在创造和发展独特知识方面，新企业常面临较多的困扰。基于这些考虑，该文作者从知识来源的角度重点考察了获得式学习对新创企业创业和创新的作用机制。可以说该文对于新创企业的属性特征考虑与本书研究对象旅游企业存在较高的契合度，这是让研究工作出现柳暗花明的第一处。第二处就是本书使用的可得式学习概念让我们为之振奋。该文指出，所谓的获得式学习就是复制性学习或模仿式学习，是企业有意识地模仿他人行为的过程，认为新创企业通过获得式学习过程，在知识从外部向内部转移的同时适应新企业生存和发展的新知识会随之产生。这种学习方式的优点就是花费的时间和精力相对较少，对企业能力和资源的要求较低，这一点与旅游企业以观察和模仿为主要组织学习方式（Hall 和 Williams，2008；Weidenfeld 等，2010）又是不谋而合的。基于上述重大发现，本书采用参考文献追踪的方法，再次确定了组织学习的又一组分类，即从知识来源的角度出发将组织学习划分为获得式学习（Acquisitive Learning）和实践式学习（Experimental Learning）。

在理论研究层面，Zahra 等（1999）最先从知识来源角度出发，将企业的知识创造过程（knowledge - creation processes）描述并整合为获得式学习与实践式学习的过程。其中，获得式学习主要是指企业通过对外部环境的关注，获取存在于组织范围之外的既存（pre - exists）知识，并将其内在化（internalizes）；而实践式学习主要是企业针对组织内部已有知识（firm's existing internal knowledge）的进一步转换（transform）、扩展（extend）与挖掘（exploit）。其实，获得式学习的概念和实践式学习的概念并非 Zahra 等人创造，在以前的文献中都有所出现，只不过都是分别出现在不同的文献中，并没有形成什么交集。Zahra 等人（1999）的文献最大的贡献就是结合两种组织学习不同的特点，将其恰当地放置于一个框架下，共同为我们揭示企业新知识的创造过程。在 Zahra 等（1999）看来，获得式学习具有 Huber（1991）所提到的替代性（Vicarious）、移植式（Grafting）、探寻式（Searching and Noticing）的学习特征。由于该类学习获取的知识具有公共、大众属性，获得式学习习得的知识被认为并不能成为企业独特竞争优势的来源，不过该类学习对企业而言又是不可或缺的，因为它可以不断扩展企业知识库的深度和广度，有效帮助企业组织能效至少保持在行业平均水平。基于对内部知识深度开发的实践式学习被认为其生成的知识特征具有独一无二性（Grant，1996），在快速变换的动荡环境中，该类学习才是获取企业核心竞争力的关键所在（Hamel 和 Prahalad，1994）。进一步讲，文献中暗隐的“企业内部知识来源有很大一部分是基于获得式学习而丰富起来的”这样一个论点，形成对探索式学习和获得式学习两者关系的另一个突破性认识，即探索式学习有可能在获得性学习和企业绩效之间起到中介作用，两种风格鲜明的组织学习方式可以形成具有前后连贯性的连续性路径。就这样，获得式学习和实践式学习被放置于同一框架用来解释部分企业的创新过程。

具体而言，对于获得式学习的过程，McGinn（2001）将获得式学习也称为模仿式或复制式学习，是组织有主动意识地去模仿他人行为的过程。这一过程涉及知识从一个主体转向另一个主体，学习主体自身拥有的知识与新获得的知识经过整合，清晰、大众化的知识完成了跨越企业现有知识边界（Morgan 和 Berthon，2008）转化为企业内部知识的可能（Zhao 等，2009）。获得式学习的知识来源，一是公共资源如电视、报纸、书籍、网络、政府报告等（Dess 等，2003），二是各种利益相关者构成的关系网络，如联盟、合资中获取的相关知识（Morgan 和 Berthon，2008）。对于获得式学习的影响作用，一些实证研究显示出与早期研究存有异议的观点，认为通过获得式学习形成的高效率模仿式创新（Hitt 等，2000）也是现实中许多处于特殊经济体中的企业构建竞争优势的主要途径之一，其原因就是这种知识流有可能是从发达国家向发展中国家的技术流动，在一定时间差内可以形成知识势差，进而会使发展中国家的企业在本土市场上形成相对的竞争优势（Li 等，2010）。

对于实践式学习的过程，Zhao 等（2009）把该学习归纳为企业内部成员对内化知识通过一系列相互分享、不断试错（trial - and - error）、干中学（learning - by - doing）的行为而涌现新知识的过程。增量性学习（Incremental Learning）（Slater 和 Narver，1995）、自适应学习（Adaptive Learning）（Senge，1990）也都属于实践式学习，它们都重点强调以创造性的思维（creative thinking）对知识进行创造性开发（Dess 等，2003；Li 等，2010），是一个个体私有知识整合为企业专有知识的利用（exploitation）（March，1991）和应用（application）（Spender，1996）的复杂过程。实践式学习的私有知识（private knowledge）来源，除涉及企业各种正式与非正式的文档、规则

(rules)、政策（policies)、价值体系（mental maps)、商业秘密的独特知识编码外（Matusik，2002)，还涉及指导组织执行具体复杂生产任务的各种过程化(procedures)、例程性（routines）知识（Argyris 和 Schon，1996)。对于实践式学习的影响作用，已有研究支持实践式学习对企业创新、绩效等产出方面的积极正向作用（Li 等，2010)，如 Burpitt（2004）发现实践式学习有利于进入新的市场和获得更高的财务收益。Zhao 等（2009）等认为外部知识资源的质量、企业内部知识的流动性、企业内部的吸收能力会影响到企业实践式学习的效果（Dess 等，2003)。

在实证研究方面，以往的学者通过理论演绎普遍认为，在两种组织学习方式都有利于企业形成竞争优势的前提下，实践式学习要优于获取性学习。经过文献整理，虽然我们发现相关实证研究极为有限（Dess 等，2003；Li 等，2010)，但是其研究范畴仍具有鲜明的特征：一类研究是将获得式和实践式学习同时纳入，研究这组学习行为变量对组织绩效或创新的作用机制（Zhao 等，2009；Li 等，2010)，不过目前研究结论尤其是在这两种学习方式的相互作用上存在相互矛盾的地方。另一类研究则重点关注一种组织学习行为对企业绩效的影响，如本节开篇提到的《获得式学习与新创企业创业：基于学习导向视角的实证研究》，也涉及实践式学习对企业影响（Yang 等，2009）的内容。不管是哪种研究范畴，研究者都非常注意对企业特殊情境的界定，如将研究对象界定为新创企业，或将研究企业置于新兴经济体，如中国这样一个有别于发达国家的成熟市场经济体这样一个环境下去探讨不同学习方式对企业产出的影响。这些企业有很多相似的地方，一是内部资源和知识管理能力十分有限（李雪灵等，2013)，二是对外的市场能力非常有限，同时具有环境的动荡性和不确定性（Zhao 等，2009；Li 等，2010)。同样，样本企业仍多集中于制造业、高新技术企业、知识密集型企业。

本书对这组学习方式的关注初衷是对旅游企业模仿这种极为普遍学习方式恰当理论表达的极为迫切的寻求。不过随着对相关文献与实践观察的不断对比，该种学习方法的分类思路和研究逻辑与本书存在很多契合之处。一是旅游企业的很多关键性本质特征与已研究企业存在很多共通之处。二是从知识来源的角度来区分企业的组织学习行为，这一点在充分表述旅游企业模仿创新的基础上很好地保留了我们对于旅游企业知识来源在现有研究基础上进一步细化的初衷，因为不管是针对旅游企业，还是旅游企业从属于服务业，国内外学者关于服务创新中知识的主要来源也是各执己见（原毅军和刘浩，

2010）。除此之外，该分类也很好地体现了知识跨越组织边界的流动特征，非常符合旅游企业开放式、网路化生存的基本情境。三是实践式学习的一系列特征又为本书研究透露出另一个契合信号，那就是该方式强调建立在内化知识基础上的经验性学习，这点与旅游企业很少开展全新产品创新、多集中于过程创新的实践现象又存在共通之处。因此，我们断定，获得式学习和实践式学习也是本书引导田野调查和后续数据分析、搭建理论框架的重要理论支撑。不过，对借用这组学习方式也是存有以下顾虑的：一是目前的研究结论主要是基于对制造业、高新技术类企业的研究，因此断然直接拿来通过演绎建立理论框架是一个问题；二是模仿式学习、实践式学习在旅游企业中的许多实际活动内容存在模糊性；三是已有关于模仿式学习、实践式学习对企业产出的关系研究涌现出不同的研究结论，需要我们进一步归纳讨论。当前的研究状况再次从理论角度印证本书需要先理论构建式研究，再验证式研究的必要性与正当性。

## 2.4　创新绩效的相关研究

旅游企业与其他企业一样，其创新的根本动力就是获取超额利润和赢得竞争优势。为衡量创新活动是否能够达到目标，需要对旅游企业创新活动进行评价，即对反映企业层次的旅游创新产出绩效进行测量。从前文以旅游企业为研究对象的创新绩效理论评述中，我们已充分意识到，从相对成熟的主流创新尤其是服务创新绩效的产出指标体系寻求设计启发势在必行。

从目前的研究现状来看，由于企业创新过程复杂，学者们普遍认同创新绩效应该是一个多维度的构念。例如，Cooper 和 Kleinschmidt（1987）从财务绩效、机会窗口与市场影响这 3 个维度识别了企业的创新绩效。Kerssens - van 和 Bilderbeek（2002）则从财务维度（IRR/ROI，新产品销售收入、新增市场份额等）、客户维度（客户市场反应、专业人员认可等）、内部运营维度（生产率、技术重复使用率等）、创新和学习维度（专利数量、新发现数量、网络构建等）4 个维度构建了企业的创新绩效指标体系。Alegre 等（2006）提出从创新效益、创新效率两个维度测度创新绩效，其中创新效益包括新产品数、市场占有率、进入新市场等，而创新效率主要包括平均开发时间、工作时间和平均成本等具体指标。不过，进一步整理相关文献后我们发现，在具体实证研究中，国外与国内比较常用的仍是以财务类指标为主的实证研究，而且该类研究占据了技术创新与创新绩效关系实证研究中因变量测度的核心地位。在财务类指标的选择上，国内外研究内容大致相同，如新产品数量、销售收入、新产品销售收入占比、新产品开发速度、专利申请数、R&D 投入额、创新项目成功率等多项指标的组合（马胜杰，2002；陈劲和陈钰芬，2006；朱朝晖和陈劲，2008；闫春，2012）。对这些具体指标数值的获取，目前有客观（即通过企业年报或问卷方式获取财务真实和直接数据）和主观（采用设置问卷的方式获得估计和间接数据）两种方式，但后者较为普遍。研究者多通过李克特 7 等或 5 等量测项来获取相关数据，这主要是出于保护商业秘密等安全原因——获取企业真实财务数据并不是件容易的事情（Zhao 等，2009）。已有研究已经指出，主观和客观测量的信度和效度在无法得到准确的企业财务数据的情况下几乎没有任何差别。

对于服务创新绩效的指标构成，考虑到服务具有无形性、生产与消费的同时性、不可储存性、异质性等不同于有形产品的特征（柳卸林，2005），目前服务创新绩效与制造业技术创新绩效的测量所采用的指标除具有一定共性外，主要是财务指标的选择（徐朝霞，2013）。研究者也结合服务创新的特性，针对制造业技术创新的衡量指标提出了一些新的替代指标（原毅军和刘浩，2010），如用商标数替代专利数，并且也扩展了一些新的测量构成维度（党兴华和郑登攀，2008），以更好地反映创新的无形性、产品和过程创新区分难度较大等（Hipp 等，2000）情况。

经过整理，我们发现国内服务创新绩效实证研究中引用频率较高的多集中于财务指标、顾客指标、内部指标 3 个维度构建的服务企业创新绩效指标，这 3 个指标由 Storey 和 Kelly（2001）在对英国服务企业的实证研究中提出。Avlonitis 等（2001）在吸收上述研究成果后提出的包括财务绩效和非财务绩效两大类 12 个指标在内的更为细致的产出衡量指标体系引用频率也较高。非财务指标涉及新客户、感知印象、忠诚度和竞争位置等。如王琳和魏江（2009）就在 Avlonitis 等（2001）研究的基础上，采用质量和性能与顾客预期、开发与预期时间比较、顾客对质量的满意度、顾客对合作生产的满意度这 4 个题项测量服务创新绩效。

面对上述相互交叉、维度多样的服务产出指标，研究者也指出，在具体选择时，并没有必要将所有的产出指标都考虑在内，也不能因为缺乏某种类型的创新产出就说该创新过程不成功或效率低，而是需要结合创新的目标与研究的侧重点来综合考虑指标的选择。研究者认为，即便同属于服务业，不同行业服务专业轨道也会存在巨大差别，如知识密集型服务业（KBS）和我们要研究的旅游业中的企业活动，除存在一般共性外，也存在显著差异。另外，Thakur 和 Hale（2013）针对不同经济体的服务业创新进行对比研究后发现，发达国家和发展中国家的巨大经济落差对服务创新的成功与阻碍因素的感知影响并不是很明显，服务创新与企业的财务和非财务指标都存在正相关性。这点说明，以不同经济体中的服务企业为研究对象，得到的理论普适性应该不会受到太大干扰。

除从主流研究获得上述认识与基本研究思路外，关于创新绩效如何有效反映旅游企业模仿式创新活动的结果，吴辉凡和许治（2008）认为基于服务的一般特性，多数服务行业属于“快速模仿”行业，其服务创新很难得到有效保护。因此，他们基于市场进入次序理论提出“服务企业的先进入战略就是一种创新战略”的观点。我们也顺势关注了新创企业创新绩效的指标构成特征，发现其创新指标除包含财务指标外，也包含了对先动指标的测量维度（Hughes 等 2007；李雪灵等，2010）。

## 2.5　对现有研究的综合述评

本章主要包括了两大方面的内容。一是分析已有以旅游企业为研究对象的创新文献，建立旅游企业创新路径框架图，并在该框架的指引下对旅游企业的创新内涵、创新的驱动因素和情境因素、创新的知识来源、组织学习和创新绩效的评价等相关内容展开述评，旨在总结现有研究在上述维度上的研究特点、与主流创新研究存在的争论与矛盾，重点揭示已有研究对旅游创新特殊情境依赖性的整体认识水平，进一步为本书的研究空间与可切入点寻求合理性、正当性与科学性支撑。通过分析发现，现有研究主要以对旅游企业创新过程的影响因素列举和现象描述为主，缺乏对旅游业产业特殊情境的总揽性认识，对单个旅游企业的服务生产与创新规律、获利逻辑模糊不清；认识到旅游业以目的地相联系的网络特殊性，不过研究焦点放在创新参与主体间各类地理空间的结构影响上，多从整个网络、系统集群出发，缺乏从网络中单个企业视角出发的研究。对旅游企业内部的组织学习机制认识不足，也仅注意到模仿式学习的存在。在这些问题中，缺乏对旅游业产业基本内涵和特殊情境的总揽性认识问题最为严重，主流研究认为目前与内涵研究有关的问题很少被专门界定与探究，但也认为对内涵包括产业生产行为、创新形式、特点及规律的充分理解，是开展后续研究的理论基础。对旅游业而言，至今缺乏一个普遍且通用的定义对当前研究造成的严重干扰可想而知。由于缺乏对产业基本运行规律的普遍共识，我们不清楚产业运行主体旅游企业为何会出现规模小、生存率低这样的群体宿命，不清楚它们开展创新活动的可能范围和边界，不了解旅游企业为何会选择模仿这样基本的学习方式等问题。基于上述考虑，我们更加确信有必要从界定旅游业的基本内涵做起，希望通过后续具体研究设计，先搞清楚造成旅游业上述特殊情境和旅游企业这类鲜明特征背后的逻辑，在此基础上，再谈旅游企业如何通过创新提升获利能力，这是本书研究立论的基本前提。

二是对与本书研究主题相关的主流创新研究相关理论进行述评，具体包括网络能力理论、组织学习理论和创新绩效相关研究。在这部分，我们认为这 3 个基础要素虽然对“如何提升旅游企业创新绩效”给予了有效的理论解释，但现有主流理论在一些关键方面仍未形成充分指导。其中，网路能力解释了在开放式情境下，尤其是同一个网络内企业，在可能相同的网络资源结构下，企业绩效却大不相同的现象。现有文献缺乏对网络能力的强有力“解析”，也正如 Esenhardt 和 Martin（2000）对 Teece（1997）的动态能力思想的质疑一样，网络能力是一种能力，也应该是具体的、可辨识的惯例、过程、模式，嵌入一个具体的商业过程。已有研究以纯理论论述和统计检验为主，尤其是直接从网络能力的定义入手测量存在过于抽象的问题，使得我们尚不清楚它在旅游企业创新过程中到底以什么样的“实质性”行为表现出来，导致对每一个维度缺乏实际情境联想，继而无法形成有针对性的后续建议和措施（陈学光和徐金发，2007）。同样，组织学习理论和创新绩效的测度也存在适用性的问题。我们只看到旅游企业模仿式学习的普遍存在，却没有看到是否还有其他学习形式，如果有，它在主流组织学习分类中是否可以被有效地借助已有理论来表征。因此，扩展方法论，借助案例研究法挖掘和修正网络能力、组织学习、创新绩效在旅游企业具体创新过程中的特征和表现形式，摸清“其如何有效发生作用”有着充分的必要性与合理性。

# 第 3 章

# 旅游企业创新的特殊性和一般性

本章重点解决第 2 章旅游企业创新研究综述中所提到的研究的前提和基础问题，即“对旅游业创新情境的理性认知”问题，或者说什么是旅游业和旅游服务创新的轨道，因为能否科学地阐释这一问题关系着本书的立论能否成立。为此，本章将重点对旅游业基本产业特征及形成的服务创新轨道进行剖析，旨在揭示旅游企业创新活动的内在发生和外部演化机理，为后续研究工作开展提供理论支撑。

## 3.1　旅游企业创新研究前提的“破”与“立”

按演化经济学理论，企业搜寻更好解决问题的知识和方法的过程就是创新的过程，搜寻方向会由企业特定问题所决定（Nelson 和 Winter，1993）。已有观点认为，服务业特性造成的“问题”规定了创新的潜在方向，服务业知识基础的性质和范围决定着创新的最大可能性或边界，生产方式以及服务企业与相关利益者之间建立的“游戏规则”会对服务创新轨道造成影响（刘建兵和柳卸林，2008）。本书也发现，关于旅游服务创新轨道的内在规律、形成机制等方面进行深入探讨的文献少之又少，其中一个主要原因就是由于服务业之间相差过大，不同产业服务创新的模式并不相同（柳卸林，2005）。为此，学者们已形成共识，为了加强理论的有效性，非常有必要针对不同服务业的服务创新轨道做相应研究。在已有研究中，学者魏江（2007）对知识密集型服务业做过专门的研究。旅游业作为服务业的一个重要分支，基于第 2 章研究综述我们也已经看到，旅游业在服务与生产经营活动等方面确实表现出不同于服务业的一些特性，按照这样的逻辑推理，旅游业应该也会存在特定的旅游服务创新轨道，即存在“破”与“立”的前提。

### 3.1.1 “破”与“立”之一：要素表征转向知识表征

众所周知，由于旅游业极强的综合性及其关联性，涉及旅游服务的产业情况非常复杂，其产品和产业范围在学术界至今仍未有统一的定论。现有研究往往将涵盖了旅游“食、宿、行、游、娱、购”六要素的住宿接待、交通运输、旅游业务组织、餐饮企业、游览娱乐、旅游购物企业以及旅游政府与公共机构 7 个主体都纳入旅游产业的范畴，即所谓的广义旅游业。但是，有研究者指出，这种将旅游产业的范畴无限扩大，纳入与旅游关联度低的行业组织或产业部门的做法会导致远离所分析问题的本质核心，掩盖旅游活动内在矛盾的性质、运动规律和其所产生的各种外部影响。此外，旅游企业创新呈现多极网络特性，一些研究者用仅包括旅行社和旅游公司经营活动的旅游业来代替旅游产业又被认为是极不科学的做法（谢春山等，2005）。可以说，关于“什么是旅游业”，以及由此产生的“什么是旅游业的服务专业轨道”这样基础性学科问题的争论、困扰及未圆满解决的现状，已严重影响后续研究的有效积累和该学科的学术价值（申葆嘉，1999；宋子千，2014）。

本书同意上述两方反驳的理由，无限扩大旅游产业范围确实会在很大程度上掩盖旅游业的本质，而以某个行业来代替旅游业也确实存在以偏概全的嫌疑。这种观点分歧的出现，本书认为是对产业活动的抽象程度不够，仍局限于“食、宿、行、游、娱、购”这些表征要素去表现旅游企业的活动，这必然导致研究常常被这些要素间的特殊性所困扰，有必要对这些要素再进行特殊性和一般性的抽象，知识管理理论将“企业定义为一个知识异质体”的主张（Grant，1996；Kogut 和 Zander，1992）不失为一个好的调和上述两方观点重要突破口。

在知识观下，旅游企业也可以被看作一个知识的异质体，其生产和创新活动都可以被看作对知识的创造、存储和应用，知识是其获取竞争优势的重要战略资源（Spender 和 Grant，1996），这从根本上决定了旅游企业行为的一般性，尤其是很好地解决了不同旅游企业间网络和跨边界的知识转移和创新问题，知识差异性则决定了不同旅游企业行为的特殊性。因此，要素表征和知识表征帮助我们扫平了在理解旅游业产业活动规律特殊性和一般性道路上的认知性障碍。

### 3.1.2　“破”与“立”之二：封闭式逻辑转向开放式逻辑

既然我们将旅游企业也定义为是异质性知识的结合体，其竞争优势来源于对知识的创造、存储及应用，那么从单个企业角度看，旅游企业进行知识创新的一系列行为是否存在特定的组织惯例和操作常规成为接下来需要考虑的问题。

研究者早已注意到旅游企业或组织以网络形式存在的特殊性（Cooper，2006；Shaw 和 Williams，2009），这种特殊性不仅体现为目的地相联系的网络特殊性，还体现在旅游产品的生产方式上。同其他产业生产的产品不同，一个完整旅游产品通常分别由不同企业提供，以多家联合的整体形象诉诸消费者。这些单项旅游产品没有必然的投入产出关系，它们是能够独立满足旅游者某种需要的最终产品。为了配置这些分散且异质性的知识，企业就不得不寻求外部合作，需要将各类外部知识源（景点、中介、消费者、供应商、公共部门等）随时纳入产品生产与交付过程的各个环节。研究者认为，这种生产特殊性决定了知识获取与扩散不能简单移植现有以跨国企业和制造业为基础形成的知识管理理论（Nonaka 和 Takeuchi，1995），即将知识获取分企业内部和外部获取的两分法研究，而应从网络和跨边界视角入手。主流创新理论经过多年的发展，创新概念内涵早已摆脱技术创新的狭隘，但之前累积的知识惯例和理论，尤其是理论验证性的研究成果，仍多以制造业或高新技术企业封闭式的有形产品创新为研究单位，重视企业内部资源。创新是由大企业内部经济力量形成，创新知识的产生、开发、制造和营销均由企业自己承担的这样的逻辑，与旅游企业自主创新范式、公司人“式微”（王雎和罗珉，2007）确实“格格不入”（详见表 3.1）。长期以来，主流新的封闭式逻辑导致在“共时态”下很难深入研究旅游企业生产和创新规律的问题，也正由于缺乏强有力的理论支撑，对旅游企业创新活动规律的研究陷入以描述现象为主的情境，造成的理论解释力不足成为研究者相互攻击、有效知识难以累积的研究诟病。

近 10 年来，由于技术与市场的发展推动着创新资源的全球性分散与流动，制造业企业也都开始从封闭式创新转向开放式创新（Chesbrough，2003），虽然开放式创新的概念也是基于技术创新提出的，但开放式创新已远远超出技术层面，被视作一种全新的哲学模式或认知模式（West 等，2014）。

开放式创新首先突破封闭式创新把资源限定在企业边界内的限制，将企业内外创新资源统一到一个组织结构和体系中，降低了企业自主研发的成本；同时它也打破严格地将自己局限在其直接服务市场的创新产品市场化的逻辑，而提出企业应将内部创意通过外部市场渠道实现商业化、为企业当前业务范围松绑，以此增加企业的额外收益。可以说，该框架不仅涉及创新的前端模糊阶段、中期的研发阶段，还涉及后期商业化阶段的运作变革，展现在我门面前的是创新与生产全过程的开放行为（Lazzarotti 和 Manzin，2009）。Keupp 和 Gassmann（2009）发现，开放式创新是分散风险和降低创新不确定性的一种有效手段。Almirall 和 Casadesus - Masanell（2010）认为开放式可以让企业发现在封闭式模式下无法预见的产品组合特征；开放式创新还可以带来成本降低、市场开发周期缩短、销售增加等明显的财务改进结果（Nagaoka 和 Kwon，2006），也可以为企业带来多种非财务收益并在此基础上形成持续竞争优势，如帮助企业跳出专注于内部的封闭式局限、延伸企业纵向和横向整合的潜力（West 和 Gallagher，2006）、扩大企业资源基础（Rohrbeck 等，2009）、借助从外部获取的知识推动组织现有知识库的重新配置（Raisch 等，2009）。可以说，目前开放式创新活动开展的逻辑、新的管理模式等方面的知识累积与旅游企业的组织操作常规很多方面都不谋而合，两者的高契合度为我们深入观察旅游企业的生产与创新规律提供了全新的研究视角和难得的研究转机。

表 3.1 呈现了开放式创新在其概念演进过程中与封闭式创新在创新知识的来源、创新的开发（creation）与商业化（commercialization）路径、创新的获利机制上表现出的不同；与此同时，封闭式创新对旅游企业创新问题的解释力不足亦显而易见。可以说，从开放式创新的生产获利逻辑去认识旅游企业创新过程的规律，这样的研究主张使我们对旅游企业的生产与创新规律的认知又朝前迈出了坚实的一步。

**表 3.1　开放式创新和封闭式创新活动开展的内部组织管理原则比较**

| 论点 | 封闭式创新 | 是否具备执行封闭式创新的组织管理原则* | 开放式创新 |
| --- | --- | --- | --- |
| 知识的来源 | 强调对创新资源具有绝对的控制权和排他权 | 很难 | 强调创新资源的流动与多种方式的获取 |
| | 企业只有依靠自己的研发团队进行发明创造、创意产生 | 否 | 积极搜寻与获取企业边界之外分散性的创新资源，整合供应商、顾客，以及外部其他组织或个人的技术、发明、创意、知识等 |
| | 本行业最聪明的员工都为我们工作 | 很难 | 并不是所有的聪明人都为我们工作，企业需要和内部、外部的所有聪明的人通力合作 |
| 创新的开发与商业化路径 | 企业严格地将自己局限在其直接服务的市场 | 否 | 企业有内部、外部两条商业渠道 |
| | 企业自行研发就能把新产品推向市场 | 否 | 企业并非必须自己进行研发，建立一个更好的企业模式要比把产品争先推向市场更为重要 |
| | 实现方式：创新思想产生、开发、制造和营销均由企业自己承担，即便后期出现研发联盟（Gulati，1998）、用户创新（von Hippel，1988），也有较严格的契约明确合作目标、合作规则和合作期限，合作范围较小，边界清晰 | 否 | 实现方式：①内向型（inbound）创新：创新资源可以在任何环节跨越组织边界，节约企业研发成本；②外向型（outbound）创新：将内部创意通过外部市场渠道如专利许可等实现商业化，松绑企业当前业务范围的束缚，以此产生额外商业化价值；③混合型（coupled）创新◆：既内向型也外向型的创新，强调在知识的流入与流出网络中最大化实现商业价值 |
| 获利机制 | 依靠蓄积创新资源而取得竞争优势 | 很难蓄积 | 通过组织间创新资源的交换与创新收益的分享获取竞争优势 |
| | 市场进入时机★：最先把新技术转化为产品的企业必将胜利 | 否 | 市场进入时机★：好的商业模式要远强于把产品争先推向市场 |
| | 企业的创意是行业内最多的，企业一定能在竞争中获胜 | 否 | 企业只有充分利用内部和外部所有好的创意，才能成功 |

续表

| 论点 | 封闭式创新 | 是否具备执行封闭式创新的组织管理原则* | 开放式创新 |
|---|---|---|---|
| 获利机制 | 合作的交易逻辑：（是否涉及金钱）营利性（pecuniary）；正式合作 | 涉及，但很难严格执行 | 合作的交易逻辑：营利性和非营利性（no-pecuniary）◆；正式合作和非正式合作 |
| | 创新者如何对抗模仿者或在位企业如何对抗新进入者是战略点 | 否，很难实现 | 除考虑保护创新价值不被模仿者攫取外，如何针对竞争合作者从开放式创新中获得更大蛋糕份额，即开放式创新的治理选择是战略点 |
| | 占有制度★越强，越能够保护创新者从创新中获利，并且强调企业建立正式的占有制度，如知识产权 | 否 | 占有制度★,◆是一种针对合作者的联结机制，在规避机会主义行为的同时促进成员的合作与分享，强调非正式制度，如信任、共同产权以及程序公平等的有效性 |
| | 强调互补性资产★的投资与拥有，垂直一体化是企业的普遍做法 | 很少 | 强调优势地位、架构性（Architectural Advantage）优势，在不需要垂直一体化的情况下便可实现从创新中获利 |

注：* 表示旅游企业在创新实践过程中是否具备执行封闭式创新的组织管理原则。

★涉及 Teece（1986）提出的“创新获利理论”（Profiting From Lnnovation，PFI）中的市场进入时机、互补性资产以及独占性机制这三大要素。该理论受到越来越多学者的认可（王睢和曾涛，2011），不仅成功演绎了封闭式创新的各种实践，而且 West 等（2014）在综述中进一步肯定他的理论价值，认为该理论也是开放式创新形成的三大重要理论基础之一。

◆涉及 West 等（2014）总结的未来开放式创新研究的重点和研究关键点，旅游企业研究亦可参考。

资料来源：根据 West 等（2014）、王睢和曾涛（2011）、高良谋和马文甲（2014）相关研究整理而成。

在知识是旅游企业活动的抽象，开放式创新是旅游企业的基本生产逻辑认知前提下，对旅游业进行框架性定义自然水到渠成。与此同时，通过对文献持续不断的更新我们又发现一条研究线索，那就是学者 Malerba（2002）恰当传递了理论界对于旅游业内涵界定的渴求：高度抽象旅游业生产经营活动本质和有效反映旅游业范围边界的动态性（Leiper，1979）。因此，其作为其他应用研究尤其是创新研究的理论基础最近又重回研究者视线，在国际学界引起高度关注（Aldebert等，2010）。

借助Malerba（2002）的SSIP（a Sectoral System of Innovation and Production）框架性定义，本书将旅游业定义为“一个完整的旅游产品通常分别由不同企业（或组织）提供、以多家联合的整体形象诉诸游客。为了配置这些分散且异质性的知识，旅游组织就不得不寻求外部合作，需要将各类外部知识源（景点、旅行中介、游客、供应商、公共部门等）随时纳入产品生产与交付过程的各个环节。这种不同于价值链分解与劳动分工，而是基于多组织间广泛联系、松散集合、营利性与非营利性共存、强调要素、轻视秩序的基本生产组织方式下聚集起来的企业或组织共同构成旅游业的广义范围。创新常常伴随着生产过程的演进，在组织交互作用下实现的同时，也会导致旅游业的范围边界处于扩张与收缩的动态演化之中。在Malerba（2002）的指引下，本书研究所定义的旅游业就像一组建筑积木（building blocks）构成的开放创新系统，这些由各种行动者（actors）构成的积木块在会在以旅游目的地相联系的空间网络中因某种特定需求而进行交互组合或变换更新。其中，需求（demand）、知识基础与学习过程（knowledge bases & learning processes）、行动者与网络（actors & networks）这3个概念组合共同诠释旅游业及其生产经营活动展开的特殊性和一般性。下面我们将借助这3组定义对旅游业产业基础的一般性和特殊性及由此形成的服务创新轨道进行具体的过程和机理阐释。

## 3.2 旅游企业创新的特殊性：源于产品与生产

与其他服务业相比，旅游业的特殊性主要体现在其提供给旅游者的产品及产品的生产方式上。

旅游业提供给游客的产品虽然也多是以服务的形式而存在，但游客对旅游服务存在的“需求泛化”的特征也是众所周知的，涉及“食、宿、行、游、购、娱、育、美”等任何元素或服务形式都有可能被打包成旅游产品展现给游客。随着大众已经进入享乐消费（Mass Consumption of Pleasure）时代，旅游产品在“需求泛化”的引导下被进一步无限放大。继续按照Malerba（2002）的解释思路，不同的旅游产品其实就是不同知识的组合，而旅游业的知识获取又主要是通过观察/模仿/示范来完成，他们很少会在内部开展R&D

活动（In - house R&D），自身很少进行全新的产品创新，通常都是对已有知识进行提炼、整合、强化和改进。所谓已有知识，不光是现有旅游业内的已存在知识，也可能是其他产业的现成知识，如将医疗美容引入旅游业，属于典型意义上的“拿来主义”。加上这些旅游产品和服务常构建或重构于日常实践，并不具有稳定性或持久性，在需求泛化和主要学习方式的共同作用下，旅游业的知识基础始终处于高强度的动态演化中，这一方面是对原有产品和服务的升级改造或彻底抛弃，另一方面，一些全新的服务及其提供商又被动态性地纳入旅游业的范围，如近几年很火爆的医疗美容就被组合成旅游产品提供给游客，旅游业的范围边界就这样或扩张或收缩。探讨到这里，有必要再仔细剖析一下旅游业知识基础的特殊性。其他服务业都存在自己的核心产品，所有生产经营活动及创新活动的开展都是围绕其核心产品而开展的，但在旅游业，虽然每个服务提供商会围绕其核心产品开展各种形式的创新，这一类知识也会呈螺旋上升式的积累，但对旅游业整体而言，要问什么是旅游业的核心产品，这个问题几乎是难以回答的。不同消费者即便面对相同的旅游产品组合，其需求的满足也存在极大差别。有些游客可能认为在产品包中酒店是决定出行质量最主要的衡量指标，其他游客则可能会更看重景点的质量。就这样，旅游业就像一个“大瓮子”一样，知识随进随出，有着较其他服务业更为独特的知识基础演化与更新的机制。这种特殊性既成就了旅游业的不断繁荣，也使得旅游组织，尤其是旅游中介商也只有通过尽可能获取所有可能的产品组合知识、展示所有可能的产品组合才能降低市场需求泛化与波动的风险，这进一步意味着旅游企业的组织学习强度远远高于其他服务业。

在信息技术介入旅游业之前，任何一个旅游企业在组织学习获取知识和资源范围有限性的作用下，都很难克服知识基础动态性这样的特殊性系统风险，这也是传统旅游企业很难做大做强、旅游小企业在数量上是主体的主要原因之一。如今，信息技术凭借其对信息和知识的超强处理能力及平台作用，超越企业规模和搜索能力限制，能够在极短时间里“聚集”全世界潜在的旅游资源，很好地帮助旅游业解决了组织学习这个难题。今天我们看到的依托于信息技术（云计划、物联网等）的在线综合化服务提供商（如 Travelport、Expedia、携程、阿里旅游等）的出现，就是信息技术顺应旅游业在知识基础方面进行创新的产物。我们据此认为，信息技术在此方面释放的创新效应是其他服务业甚至是制造业都无法比拟的。

接下来，我们需要探讨旅游业的另一个特殊方面，即其产品生产的组织方式，这就需要借助 Malaria（2002）框架性定义的第三个基本要素组合，即行动者与网络（actors & networks）。如前所述，一个完整的旅游产品通常分别由不同企业（或组织）提供，以多家联合的整体形象诉诸游客。旅游产品则很多是基于像自然资源、文化景点、城镇风景、交通系统等类似“公共商品”性质的组合（Hjalager，2002），例如城市兴建大量方便游客的公共空间和基础设施用于满足游客需求，这部分旅游服务提供商就是政府，所以在旅游产品的生产上，参与生产的主体构成异常复杂，更别提目的地居民、社区等的参与，行动者（actors）是对参与者身份最恰当的诠释。随之而来的是要考虑这些行动者间的生产关系。我们知道，在需求和知识基础动态性的共同作用下，在消费者面前呈现的旅游产品包就像串起来的“积木块”，但代表不同服务特质的积木块之间并没有所谓的上下游投入产出关系，在具体的生产与消费过程中，它们又会被迅速分解，以其本来面貌在自己的价值链小循环内直接面向游客，向其提供特定的服务内容，完成价值创造。加上旅游产品组合这个生产大循环并不具有稳定性和持久性，松散集合、营利性与非营利性共存、强调要素而轻视秩序的基本生产方式成为旅游业的适应性产物。

旅游业还有一个特殊性，就是旅游产品的生产与消费必须依附于一定的特定地理空间，即旅游目的地，因此其生产关系的网络形态就体现为非本地化的价值链业务网络（生产小循环，如连锁酒店间、上下游供应关系）和旅游目的地高度本地化的松散网络（生产大循环，酒店、景点等）的存在。

综上所述，我们看到“外部网络”是旅游企业创新的重要构成要素和驱动创新的基本组织方式。与此同时，网络关系及网络形态的复杂性使得组织信息传播呈现多向、多极特性，不同网络形成的交互行为与价值共同创造过程交织在一起，使得管理边界更难以被准确描述和精确评估、资源配置范围及方式也难以预料。这也是旅游业生产方式的特殊性决定的该行业另一个系统性风险。这种风险对旅游企业的网络运作效率及其能动性也提出更高的要求。

## 3.3 旅游企业创新的一般性：源于服务的一般性

不管在产品和生产方式上有多特殊，旅游业最终也只有将这些多以服务形式而存在的产品真正让渡给游客才算完成其价值的实现。因此，旅游业也必然具有服务业的一般特性，这自然让我们无法忽略由服务业一般性而带来的风险。服务业的一般特性主要体现在与制造业有形产品相对而言的服务特质上（柳卸林，2005）。对于服务及服务创新，目前已形成相对丰富且自成体系的研究成果，服务在本质上是一个过程，在本质上具有生产与消费同时性、无形性、易逝性、不可储存性等特征，这早已获得学界与企业界的普遍共识。研究者认为，这些特性虽然使得服务创新的内涵较制造业创新看起来要远丰富得多——其自身就会产生相当丰富的创新形式，技术创新只是其中的一个维度而已——但学界更认为这些特征同时也是服务创新的障碍（吴贵生和蔺雷，2012）。以服务的无形性为例，无形性又称“不可触摸性”，意味着顾客不能凭借对待有形产品的办法感知服务的存在并判断其优劣，其购买决策会存在很强的经验和信任特征，因此消费者购买服务的风险要远远高于购买有形产品，并且也很难以给予客观的质量评价。生产与消费的同时性则意味着服务生产过程就是服务消费过程（如住酒店），“顾客—生产者”的角色互动发生的越频繁，服务生产过程的复杂程度与不确定性越会迅速被放大，导致服务品质并不具有一贯稳定性。因此，如何克服这些由服务无形性、易逝性、不可储存性、生产与消费同时性等带来的一般性系统风险是包括旅游业在内的服务业不得不考虑的问题，也成为旅游企业创新活动的主要方向之一。

学者 Payne（1993）提出，任何服务都是无形性、不可分离性、异质性和不可储存性的不同程度组合体，他认为这 4 个特性可以是一个连续谱，其中任何一个特性的改变都会改变既定的服务供给，进而形成一种新的服务创新（见图 3. 1）。

目前，旅游业在平抑这类风险方面的创新效应也正处于全面爆发阶段。在服务的无形化上，各类搜索引擎、社会化媒体（如社交网络、虚拟旅游社区、博客）等提供的海量旅游产品信息，已使游客能对即将发生的旅游活动给予较为合理的心理预期。虚拟现实技术则驱动服务从“无形化”向“有形化”发展，催生旅游新服务的出现，如意大利针对博物馆开发的文化遗产体验项目（Personal Experience With Active Cultural Heritage，PEACH），有效改善游客对于这类很难用符号和语言形式来描述和交流的景点的理解和体验质量。在服务的异质性上，传统观点认为，旅游服务的异质性在于大量服务生产知识属于经验性（experience - based）知识，加上旅游业人员流动性非常高，即使是操作性的知识也很难在组织内保留。不过，目前大量“标准化”信息技术的采用也已导致旅游服务“标准化”越来越成为可能，导致旅游企业的原有生产模式也相继出现重大突破，如特许经营和许可制度。在线旅游购物（Online Travel Shopping）等方面的技术应用创新使得旅游服务生产与消费在一定程度甚至很大程度上也出现分离的特点。很多旅游服务也从传统的人与人的互动转变为机器与消费者的互动（手机电子门票），或者转变为随时随地都可以实现的电子化服务。总之，围绕服务的一般性特征诱发服务新特征的出现也会成为旅游业创新的重要渠道和来源，形成新竞争优势。

图 3.1 完整呈现了由旅游业基本特征决定的旅游服务创新的可能发展方向与路径。在需求泛化的作用下，旅游业知识基础的动态演化决定了大平台、多元化业务是旅游企业抗风险和经营的“最佳实践方式”之一，对其获取多元化知识的组织学习方式亦提出更高要求。旅游产品的联合生产方式对网络运作效率亦提出更高要求，也决定了各种有利于网络沟通的组织实践成为旅游企业创新的可能方向之一。如何降低服务的一般特性带来的风险将成为旅游企业服务创新的可能方向和范畴之一。

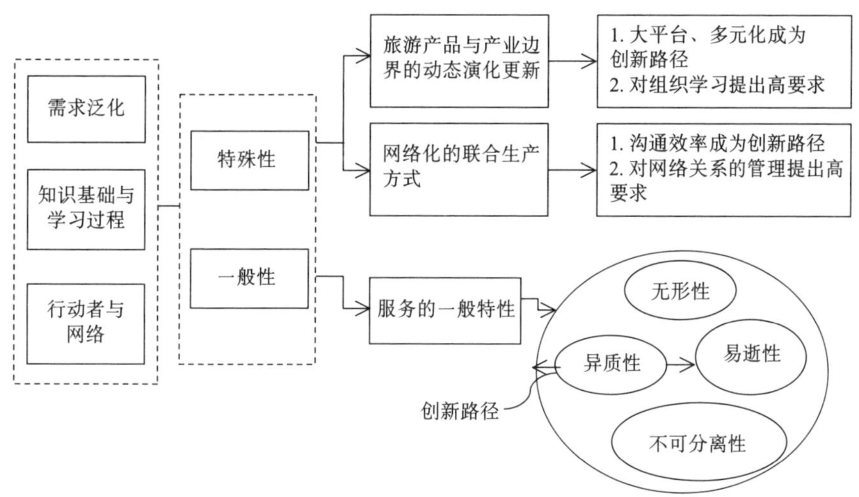


图 3.1　旅游业产业基础特征引发形成的旅游服务创新轨道

## 3.4　本章小结

本章对旅游业的定义与内涵进行了分析，揭示了旅游业产业特征一般性和特殊性之间的内在本质关系，在理论演绎过程中初步得出组织学习、外部网络主动性管理是旅游企业适应旅游产业特殊系统性风险的“强选择”结果。在此基础上形成的对旅游服务创新轨道的认知，从更为微观的层次上指出了单个旅游企业可能的创新方向和范围，以及通过生产和创新活动开展的内在机理。在分析的过程中，我们也看到旅游业的特殊性决定了旅游企业普遍规模小，存活率低是其基本的宿命。旅游企业是有别于其他服务业的一类具有鲜明属性特征的群体，其独特的“创新情境”体现在：终身伴随着资源的强约束，机会窗口期短，经营风险强度要远远大于其他产业。

# 第 4 章

# 基于探索性案例研究的理论化模型构建

通过第 2 章中的文献梳理和理论拓展、第 3 章对旅游业产品与生产方式的特殊性与一般性进行的框架性理解，本书已经初步通过理论演绎得出：外部网络是旅游企业创新的重要构成要素和驱动创新的基本组织方式，组织学习是旅游企业破解生存困境、获取竞争优势的唯一手段。然而，旅游企业主动利用、管理外部网络中蕴藏的丰富资源，同时有效利用组织学习手段对创新绩效的作用机制仍尚未澄清。可以肯定的是，案例研究构建理论是沟通丰富质性数据和主流演绎式研究之间的最佳桥梁之一（Eisenhardt 和 Graebner，2007），基于对旅游企业创新研究的考察，本章研究目的不在于检验假设，而在于构建理论，从旅游业“情境化”（Contextualization）（Tsui，2006；Hjalager，2010）入手，通过对旅游企业的案例研究，主要采用归纳方法发现概念，并综合已有的理论，试图构建普适性强、可检验的网络能力对旅游企业创新作用机制的初始理论模型。

## 4.1 研究策略

### 4.1.1 适用性原则

理论构建是管理研究的核心活动（Eisenhardt，1989；Strauss 和 Corbin，1990；李怀祖，2004）。案例研究构建理论的研究策略主要是运用一个或多个案例、借助于案例中的丰富实证数据创建理论构念、命题和/或中层理论（Eisenhardt，1989）。该种方法通常以通过归纳推理建立理论为目标（Siggelkow，2007），是“一个从个别到一般、从实践上升到理论的过程”（成思危，2001）。由于能突出现象发生的丰富、现实性背景，并且能很好满足我们对那些运用现有观点无法恰当解释的现象的研究要求，案例研究构建理论成为当下国际学术界对于管理理论创建通行采纳的一种科学研究方法和发展趋势之一（毛基业和张霞，2008）。

然而，并非任何管理问题都有必要或适合通过案例研究去构建理论，因此研究者将首要面临研究方法的适用性问题。本节主要从两个方面展开探讨：一是结合案例研究构建理论的优点对该方法的一般适用性情境加以归纳；二是在此基础上，证明本书将采用案例研究构建理论的合理性与正当性。

（1）案例研究构建理论的一般适用性情境。通过梳理现有关于案例研究构建理论的管理学研究文献，本书发现：研究者普遍主张由“研究问题的性质”决定其适用性（Yin，2003；Strauss 和 Corbin，1998）；在回答“未开发研究领域”中“如何”和“为什么”的涉及过程和机理的研究问题时，案例构建理论的方法被认为特别有效（Eisenhardt，1989；Edmondson 和 McManus，2007；Eisenhardt 和 Graebner，2007）；该方法不擅长回答关于“频率”“次数”和构念间相对重要性之类的问题（Yin，2003；Eisenhardt 和 Graebner，2007）。当前在具体操作中，对“未开发研究领域”等关键环节的界定主要是通过与量化研究方法在比较优缺点中形成的辨识。

对“未开发研究领域”，多数学者倾向于这样两种情形：一是现有理论完全没有解决所要研究的问题，即没有研究先例、处于学科发展的初期阶段，案例研究主要用于建立全新的理论；二是现有理论对所要研究的问题解决得不充分或可能不对、存在争议，案例研究主要用于拓展或补充现有理论。在实际操作中，量化研究主要适用于考察已识别变量之间的关系，一个理论概念如果内涵和外延已得到较好解释和广泛的支持，就适合直接采用演绎式验证性研究；没有得到清晰界定的概念或者用现有理论对所观察的现象无法获得有效识别和解释力时，就需要案例研究首先对要研究的现象进行界定或给出理论框架。

此时，证明案例构建理论的适用性就在于它具有产生新颖理论的潜质。因为量化研究会预先将所要研究的问题抽象在几个有限因子和变量之间，这样的策略往往会由于研究视角的预设造成很多现象鲜活的背景事先被过滤掉，使得研究者容易丧失对现象本质的把握，而且通过演绎推理形成的理论与实际数据间关联性弱的弊端日益被多数研究者所觉察（Perrow，1986）。案例研究是一种根植于丰富实证数据的理论构建方法，通过案例我们能真实感受到组织管理实践的再现，它可以做到更加充分地贴近现实，使研究者能够对现实产生足够的理论敏感性（theoretical sensitivity）和全方位的理解，容易把握问题的本质。此外，通常研究者会从一些有特殊现象和意义的组织开始选择案例，这些特殊的现象和意义通过案例常常带给研究者宝贵的研究启发，这可能是文献或其他组织无法直接获取的，可能会是以前研究者没有觉察到的一些原因、现象或是结果变量，这些发现往往会成为新研究的起点（Siggelkow，2007）。

综上所述，研究者普遍认为，案例研究与以演绎为主的量化研究法在研究逻辑上相辅相成，两者结合可以形成完整研究周期（Eisenhardt 和 Graebner，2007）。

在具体操作中，先通过案例研究把相关构念或所关注的问题阐述清晰，在此基础上，再通过开发量表等量化研究，完成对基于案例的质性研究得出的理论框架进行验证和深入分析。这种通过发挥各自研究方法的优势去弥补对方研究方法劣势的研究策略正在被大多数管理研究者所采纳（乔坤和马晓蕾，2008；王璐和高鹏，2010）。此时，案例研究除会发挥产生新颖理论的潜在优势外，还可以最大化发挥其在解释说明（illustration）、所得理论可检验、具备实证效度上的优势，尤其擅长研究者找出关系复杂变量间的联系、关系复杂变量间作用的方向、变量间变换的模式和影响结果及其输出的方式。

（2）将采用案例研究构建理论的合理性。虽然由案例构建理论已被越来越多的研究者采纳，但 Eisenhardt（2007）等学者仍然建议研究者运用案例构建理论的研究方法时，必须保证一个额外步骤，这个步骤主要是证明“为什么案例构建理论研究要比理论验证式研究能更好解决我们将要关注的研究问题”，从而保证和增强案例研究的说服力（Siggelkow，2007）。本节对本书采用案例构建理论的合理性和正当性进行应有的阐释。

在所要研究问题的性质上，企业如何通过开展创新实现获利一直以来都是学界聚焦的热点问题之一。然而如前所述，在整个创新理论的发展过程中，不管研究范式从封闭式创新转向开放式创新，还是研究单元从制造业深入服务业，都很少见到旅游企业作为研究对象的影子。本书以旅游创新为研究主题，属于创新研究、旅游科学范畴，是一个新兴的、多学科交叉的研究方向和领域（Hjalager，2010；Camisón 和 Monfort - Mir，2012）。尤其是面对旅游业近些年丰富的创新实践，旅游企业在创新发展过程中突出的以开放式创新的逻辑，亟待理论界进行研究并对实践提出科学化指导建议。在具体问题上，本书围绕“如何提升旅游企业创新绩效”这一基本问题展开。在整个演绎推理过程中，我们发现，现有研究在关键节点（网络能力、组织学习方式、创新绩效）上存在断点，各关键节点的因果链接还有待进一步确认，在直接借鉴主流创新理论研究上如对上述这些关键节点的概念界定等方面仍存在很多顾虑（详见绪论和第 2 章），尤其是无法准确应对旅游企业创新过程的开放性及与生产有关的情境特殊性，急需借助案例研究形成的质性数据，揭示直接采用演绎式定量研究对一系列复杂创新过程所不能轻易揭示的洞见。因此，本书采用案例研究的主要目标是，进一步明晰旅游企业在网络能力、学习方式、创新绩效 3 个关键变量上的构成维度以及 3 个变量间的因果作用关系。另外，我们认为，对本研究而言，采用案例研究构建理论可以定性为是在已有创新研究基础上对其情境性边界进行的扩展与补充。

### 4.1.2 规范性步骤

（1）案例研究构建理论的一般步骤及规范性指标。为保证所要归纳的一般步骤具有代表性、可操作性，本书以国家自然科学基金委员会管理科学部认定的 30 种重要期刊和 1 个专业性案例研究期刊（管理案例研究与评论）为基准，对使用案例研究方法的已发表论文（2005—2015 年）进行比较分析后发现，在当前的案例构建理论上（X→Y 或过程 X→M→Y 过程），研究者通常会在以下 3 种基本模式中进行研究（见表 4.1）。上述研究已发展出约 17 项公认的指标，对研究者而言，这些严格的程序和标准不仅是案例构建时的理论参照，也同样可以用来评价一项案例研究是否达到规范化的要求。

表 4.1 案例构建理论的 3 种结构布局与规范性指标

| 结构布局 | 模式 1<br>先理论构建，后案例论证 | 模式 2<br>先案例探索，后理论升华 | 模式 3<br>原始版本的扎根理论 |
|---|---|---|---|
| 第 1 部分：研究问题 | 根据文献缺口（T1）或管理现象引出研究问题 | | |
| 规范性指标 | ①明确的研究问题：重要、新颖、有趣、泛在、可实施 | | |
| | ②研究问题的类型：为什么、怎么样 | | |

续表

<table>
<tr><th colspan="2">结构布局</th><th>模式 1<br>先理论构建，后案例论证</th><th>模式 2<br>先案例探索，后理论升华</th><th>模式 3<br>原始版本的扎根理论</th></tr>
<tr><td colspan="2">第 2 部分：文献</td><td>文献 + 理论框架（理论假设或模型）★</td><td>文献 + 分析思路与切入点</td><td>—</td></tr>
<tr><td colspan="2">规范性指标</td><td>③以理论 T 为研究视角，提出理论框架</td><td>③理论 T 及其他相关理论只起到引导数据分析的作用</td><td>③事先不需要理论框架的约束，强调“自然呈现”</td></tr>
<tr><td colspan="2">第 3 部分：研究方法</td><td colspan="3">就案例选取、数据来源、质量检验的各环节进行必要介绍</td></tr>
<tr><td rowspan="7">规范性指标</td><td rowspan="4">案例研究设计</td><td colspan="3">④明确的分析单元：可以是个体、事件或实体，或抽象的决策、过程等，要注意避免分析单元太过模糊或数量太多</td></tr>
<tr><td colspan="3">⑤案例选择的依据：理论抽样</td></tr>
<tr><td colspan="3">⑥案例数目：单一案例（基于特定案例的独特性）；多案例及与多元实验类似的复制法则（基于案例群对理论贡献的发展）</td></tr>
<tr><td colspan="3">⑦作者数目：单一研究者；基于团队的研究</td></tr>
<tr><td rowspan="3">数据收集方法</td><td colspan="3">⑧要明确报告数据收集的程序</td></tr>
<tr><td colspan="3">⑨多途径的数据收集方法和定性与定量数据的融合：文献资料、直接观察、参与式观察、访谈、调查问卷、档案等</td></tr>
<tr><td colspan="3">⑩采用证据三角形：不同证据来源、不同评估分析人员、同一资料的不同维度和不同方法</td></tr>
<tr><td colspan="2">第 4 部分：案例分析与研究发现</td><td colspan="3">这是一个整合资料的过程，是一个使得不可见的东西变得可见的过程，是一个链接和搭配前因后果的过程；这是一个涉及推测和验证、修改和校正、提议和辩护的过程（Morse 和 Field，1995）</td></tr>
<tr><td rowspan="5">规范性指标</td><td rowspan="4">数据分析</td><td>⑪选用适合的分析技术（如时间序列分析）和分析工具（如 Nvivo 和 Atlas. ti）进行原始数据编码、数据展示</td><td>⑪原始数据编码、数据展示：案例内分析和跨案例分析</td><td>⑪最为熟悉的开放性译码、主轴译码、选择性译码三步编码法</td></tr>
<tr><td colspan="3">⑫清晰完整的证据链</td></tr>
<tr><td colspan="3">⑬引用原始数据</td></tr>
<tr><td colspan="3">⑭强调不同编码者对部分数据进行独立编码后测试其一致性</td></tr>
<tr><td>理论</td><td>⑮验证第 2 部分提出的理论框架</td><td>⑮形成新的理论框架与理论命题★</td><td>⑮阐释现象的核心范畴涌现、发展理论★</td></tr>
</table>

续表

| 结构布局 | 模式 1<br>先理论构建，后案例论证 | 模式 2<br>先案例探索，后理论升华 | 模式 3<br>原始版本的扎根理论 |
|---|---|---|---|
| 第 5 部分：研究结论 | | | |
| 规范性指标 | ⑯与文献进行比较，印证研究发现与理论贡献 | | |
| | ⑰清晰表明理论已尽可能地达到饱和 | | |

注：* 表示该种运作模式的研究关键与创新点。

资料来源：根据毛基业和张霞（2008）、苏敬勤和李召敏（2011）、刘庆贤和肖洪钧（2010）、王璐和高鹏（2010）相关研究整理而成。

（2）将采用模式 2（探索性案例研究框架）① 的说明。通过上述归纳，我们对案例构建理论运用模式在当前研究中的多样性有所了解，对由于理论在案例中的具体作用不同而导致研究框架及结构布局产生的本质差别亦可做出相对明确的判断。对本书而言，旅游企业如何实现创新获利是被关注的问题，即过程“X? →M? →Y?”。在具体的案例研究设计中，我们将采用“案例研究 + 理论升华”这样的结构布局，主要判断依据是：

① 在已有文献中，案例研究方法的分析者通常会参照 Yin（1994）关于案例在研究中的作用——理论检验、探索性理论构建、描述说明——将表 4. 1 中的模式 1、模式 2、模式 3 进行相应的匹配，即将模式 1 定义为验证性案例研究，将模式 2 看作探索性研究，将模式 3 看作描述性案例研究，如毛基业和李小燕（2010）、苏敬勤和李召敏（2011）的研究。但本研究没有轻易运用此分类术语对模式 1、2、3 分别加以定义，主要是认为，第一，按照理论的定义——如 Merton（1968）将理论定义为“在逻辑上相互联系并在实证上能够获得具有一致性的若干命题”；Hage（1972）指出，理论是一套完备的类属（主题、概念），这些类属通过关系的阐明，系统地联系在一起，形成具有一个解释某种现象的理论框架——上述 3 种模式最终都是发展了理论，都可以看作案例研究构建理论。所以，我们看到在实际应用中很多研究者在运用模式 1（即“理论框架 + 案例验证”）的时候经常将自己的研究也纳入探索性案例研究。因此，相对于模式 3，即原始的扎根理论，有自己非常独立的研究模式。模式 1 和模式 2 存在语义及理解上的歧义，很多研究者在混用这些术语，导致旁观者一看题目，往往不能一下子对作者的研究框架和结构布局给予准确判断。从结构布局上看，Yin 的案例研究方法更强调运用理论 T 进行预设，并事先给出理论框架，然后通过案例进一步检验、修正事先提出的理论框架，侧重于模式 1。第二，Eisenhardt（1989）提出了案例研究构建理论，也按 Yin（1994）的思路认为案例研究可以实现以下不同目的：提供描述、检验理论和构建理论。Eisenhardt 也进一步明确指出，其研究关注的是最后一个，从其表述看对应于 Yin 的探索性目的。在具体的研究框架设计中，她并不赞成理论预设，强调的是理论（T）在数据收集和数据分析上的引导作用，提出在研究过程的最初阶段尽可能避免考虑理论（T）与变量之间的具体关系，提倡从案例中生成概念，并通过与文献的对比，形成解释某种现象的理论框架，其研究框架与结构布局基本对应于模式 2。因此，从上述分析来看，本研究认为，从理论 T 的作用而非案例来判断案例构建理论的具体运用模式相对更为合适。与此同时，为进一步正确表述本书将要选择的运作模式，我们将探索性案例研究的研究模式仅限定为模式 2，即“案例探索 + 理论升华”。

第一，从现有理论（TI）对该现象的解释情况来看，我们认为，现有的文献并不足以得出初步的旅游企业如何提升创新绩效的理论框架。现有研究虽然对旅游企业的创新类型 Y（也可称产出形式）、创新过程的前因变量 X（包括组织特征、网络特征、知识特征、驱动力等）都已有所涉猎，为理性看待旅游企业创新的特殊情境提供了一定的认知，但这些研究在形式上多以描述性研究为主，研究过多停留在对创新过程的问题列举和现象描述，对其内在机理和结果的系统性整合研究不够深入，众多切入点普遍缺乏足够的理论验证性研究的支撑，难以形成充分的、强有力的理论解析。

第二，基于文献中已列举的造成旅游企业创新过程存在特殊性的那些变量，我们通过反复比对实践中的数据、现象与文献，初步根据旅游企业创新服务专业轨道的特殊性与一般性勾勒出反映旅游企业创新过程逻辑链条上的几个关键要素（即现象构造）：特殊的开放式生产、特殊的外部网络、特殊的知识特征、特别的网络能力要求、特殊的创新学习行为——普遍模仿、特殊的创新绩效表现。为在这些要素间建立明确的因果关系并形成完整的证据链，我们对相关文献又进行了系统性的二次追述，其结果是：虽有研究者已经注意到，以网络视角透视旅游企业的知识管理在未来旅游研究中将可能是一个内涵丰富且有探讨价值的研究领域（王素洁等，2009），但是直接以旅游企业为研究对象的已有成果，除存在我们在第一点中提到的研究不足外，最主要的是还存在与本书研究关联性不够、系统性不强的局限。

第三，在上述研究工作开展的同时，我们也做过这样的努力：试图直接通过主流创新理论中开放式创新范式、网络能力、二元学习理论（应于图 1.1 中的理论 T 集合）对旅游企业的创新过程给予系统性的解释。但在具体解释过程中，我们已在第 2 章详细论述过，现有理论在几个关键要素的构念上仍存在各自顾虑，各个关键要素的实际内容相当一部分研究都是将制造业或制造业和服务业企业混合在一起作为研究样本，无法从中提取出针对服务企业创新的要素内容，尤其是旅游企业作为服务业的重要分支，除具有一般服务业的特征外，还存在自成一体的特殊性，这就意味着这些关键要素在旅游企业的内容构成会存在诸多不确定性，而且关于网络能力与旅游创新绩效的作用机制，尤其是二元学习在其中对创新绩效的作用也无法准确从相互矛盾的研究结论中直接加以演绎判断。

为避免画地为牢，本案例研究没有事先提出理论假设（郑伯埙和黄敏萍，2008），而是将田野调查中搜集到的数据与现有理论充分匹配，一旦认为存在矛盾，就会注意分析情境变量的影响，总结变量间的关系，进而构建模型并提出相应命题，即将采用“案例研究＋理论升华”这样的整体结构布局。

## 4.2 研究设计

### 4.2.1 样本选择

本书以旅游企业为分析单位，样本选取采用目的抽样法，主要基于以下3个原则：

（1）旅游企业以“外部网络”为其生存的基本构成要素与创新驱动的基本组织方式，单一研究某一类型旅游企业难免有失偏颇，也无法反映其嵌入网络实现价值创造的情境。同时，鉴于同一产业的不同企业作为研究对象更有助于深刻理解所要研究的问题（李晓燕和毛基业，2010），基于本研究对旅游企业的界定，即借鉴层次划分法（Smith，2000）将旅游企业界定为包括旅行社、在线旅游、旅馆业、旅游地（旅游景区、景点）在内的企业总和。这些企业的共同特征就是，如果不存在旅游，这些企业就不会存在，其他为旅游者提供商品和劳务的交通、娱乐、饮食、商业、社会服务等产业组织或行业部门不在本研究考察范围之内。为此，本研究选取的范围限定在在线旅游、旅行社、旅馆业、旅游地（旅游景区、景点）这4种类型企业，为研究提供有益的变异和丰富性。

（2）旅游业还有一个特殊性就是，旅游主体产品的生产与消费必须依附于特定地理空间，即旅游目的地，因此形成了不同于其他服务业和产业的网络特征——以目的地相联系的本地网络和非本地网络（Sundbo 等，2007）。学者们主张发展旅游创新理论时应该将“以目的地相连接的空间网络”当作“一个新的基础理论平台”，并且这种主张已经得到了普遍认同（Søensen，2007；Hjalager，2010）。因此，本研究刻意选择了一条在山西境内开发比较成熟的旅游线路上的旅游企业，并且这些企业之间业务相互补充，同时这样从特定市场选择样本可以有效控制环境变量（Eisenhardt，1989）。

如图4.1所示，在最初挑选访谈旅游企业样本时，将案例访谈企业的样本范围放宽至山西境内沿208和108国道形成的包含3个世界文化遗产（大同云岗、忻州五台、平遥古城）区域。该区域北起大同云冈石窟，南至运城关帝庙，经忻州五台山、省会太原、晋中乔家大院和平遥古城、临汾壶口瀑布。这是一条海内外游客到山西必去的经典旅游线路。经过几轮的案例访谈及相关资料整理，最终将案例企业的范围进一步锁定至在以平遥古城这一个旅游目的地相联系的空间网络中参与旅游服务提供的旅游企业。锁定该范围主要基于如下考虑：该旅游目的地离山西省省会太原非常近，交通便利且为世界文化遗产，位于山西晋中大院文化的核心地理区域，海内外游客都会选择此目的地作为山西省境内必游的旅游项目。从访谈记录里，我们能明显看到，该旅游线路上的旅游企业从业经验相对丰富得多。

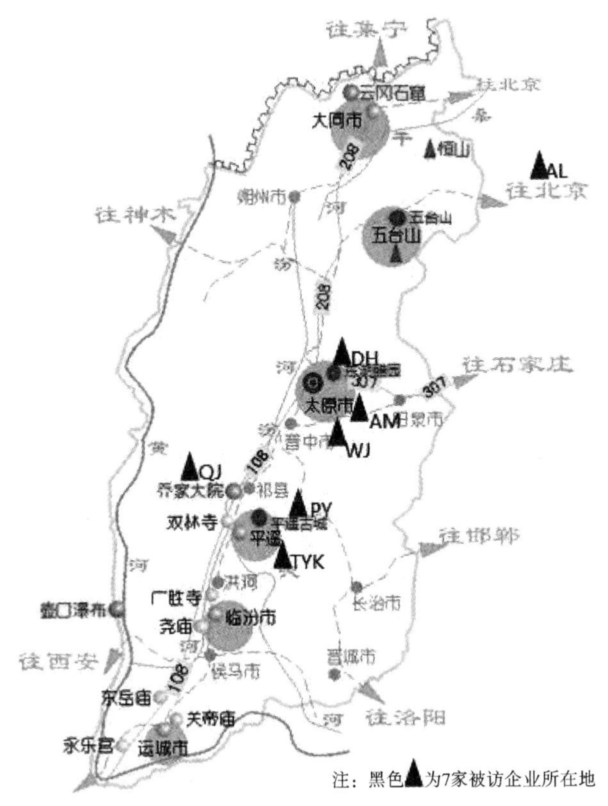


图 4.1 案例访谈企业的样本选择范围

（3）遵循案例研究选择的典型性，同时又具有独特研究价值的条件（Yin，2010），采纳 Eisenhardt（1989）和张丽华（2007）等学者提出的采用 4—10 个案进行研究的建议，并且为了保障案例间分析的信度和效度，本研究在案例企业选择上也有意选择两家同类型的企业。为了不泄露案例企业的内部信息，企业名称都以英文字母代替。从表 4.2 中可以看到这 7 家企业各具代表性。例如，一些研究发现，很多旅游小企业会在他们经营的 5 年内倒闭（Jaafar 等，2011），但 AM 的旅游发展已有 11 年之久，而 WJ 国旅某营业部 1996 年以来虽然规模没有多大变化，经营却一直非常稳定，这对于旅行社经营来说是非常难得的。

表 4.2 调研企业的基本背景情况

| 企业名称 | 企业属性 | 主要经营范围 | 企业背景 |
| --- | --- | --- | --- |
| QJ | 人文景点 | 国内和国际入境游 | 成名早，知名电视剧《大红灯笼高高挂》《乔家大院》等的直接宣传效应功不可没。业内人士对该景点最大的评价是“山西省唯一在发展初期没有依靠政府大量资金投入，悄然发展壮大的景点特例” |
| PY | 人文景点 | 国内和国际入境游 | 1997 年 12 月 3 日被列入《世界文化遗产名录》之后，旅游收入与接待的游客数量骤增。经过近 20 年的发展，目前依然是山西境内游必去景点之一 |
| WJ | 旅行社 | 组团、包机、国内和入境地接 | 它的发展模式是当今我国旅行社规模化发展的缩影，以加盟形式为主，加盟经营权变更频繁。总公司对各个营业部仅提供法律方面的支持，具体业务干预非常有限。2013 年由 4A 级旅行社晋升 5A 级旅行社。调研对象从 1996 年就开始从事旅游业务，先后在深圳、上海工作，2004 年以加盟形式继续从事旅游业务，从没有一个客源发展到今天，该知名度很高，业界口碑极为突出 |
| AM | 旅行社 | 国内地接、国内出游和海外出游 | 2004 年创办，经营期间没有进行过任何所有权变更，固定员工 5 人，主要从事旅游咨询业务，与东方国旅形成战略联盟，借助其海外旅游经营权开拓国外旅游市场。2013 年该旅行社由 2A 级晋升为 3A 级 |
| DH | 工业景点 | 国内游和周边游 | 2000 年山西某某集团投资新建，2002 年春节正式接待第一批游客，从最初每天接待 15 个大巴车的游客，发展到今天日接待量上百个旅行团，巨大的现金流让某某集团看到了发展工业旅游的甜头。2004 年 DH 入选国家首批工农业旅游示范点，2010 年入选国家 4A 级景区。在全国旅游乃至全国工农业旅游地中排名非常靠前 |

续表

| 企业名称 | 企业属性 | 主要经营范围 | 企业背景 |
|---|---|---|---|
| TYK | 住宿餐饮 | 主要接待海外游客、国内高端小众群体 | 位于平遥古城明清一条街中段，被平遥旅游局定为民俗 4 星级客栈，2000 年开业以来保持企业主式的小型经营，经营灵活，经营理念非常超前，各方面对其经营评价一直都非常高。这些评价不仅来自国内各大网站和论坛、还来自海外互联网平台及各大旅游论坛。企业在当地利益相关者中有很高威望 |
| AL | 一站式在线旅行服务平台 | 国内外机票销售、酒店预订、度假产品销售、签证等服务 | 前身是××旅行，2014 年拆分形成 AL，将旗下航旅事业部升级为航旅事业群，AL 升级为全新独立品牌。在线旅游虽然仍处于高投资高增长阶段，但竞争也随之进入更加白热化阶段。AL 凭借其背后完整的电商生态体系，将其主要角色定位到旅行这个传统行业，面对强大的竞争对手，依据平台技术创新，正在不遗余力推动全新概念的产品创新与客户体验 |

## 4.2.2　数据收集

数据搜集方法包括：深度访谈、参与观察、文件档案、问卷调查①等。其中，深度访谈作为数据收集的重要来源，共分 4 个阶段：第一阶段在 2012 年夏天，本研究对 9 名业内专家进行了访谈，并收集网站、相关政策单位，以及媒体资讯，以便了解旅游业产业结构和宏观经营环境。第二阶段在 2013 年夏天，我们对多家旅游经营组织包括在线旅游的人员进行了深度访谈，包括本研究涉及表 4.3 所列的前 6 个受访对象。每个受访对象都至少有一名高层管理人员参与，包括景区管委会主任或总经理，受访者背景多元化（见表 4.3），处于不同的层级和职能领域。访谈基本按照职位由高至低的顺序，每个访谈持续 1 小时左右。基于社会资本建立起来的信任关系，本研究得到了受访对象的极大配合，在受访过程中双方都能坦诚交流。本研究的访谈都是本人和研究生组成的团队完成的，所有访谈都由两位研究者通过全程录音参与完成。访谈后，两位研究者会立即整理数据，在团队会议上分享该次访谈

① 关于问卷调查在案例研究环节中出现，主要是基于我们通过案例内分析、跨案例分析方法提炼网络能力、组织学习和网络绩效这些基本概念及其具体构成维度时，考虑到知识的累积性，我们对这些具体构念的结构维度也与已有开发的量表进行了对比，并在案例研究的第三个阶段，让参与访谈的企业与企业界专家讨论对我们初步设计的量表题项进行修改。

心得和新的观点。本阶段研究组主要采用半结构访谈，按事先设计好的访谈提纲，以文献综述和尽量宽广的研究问题对访谈进行引导，重点关注旅游组织对现有业务的资源配置和获得外部新资源等方面的主要举措；根据访谈内容，采取较具弹性的方式提问和讨论。第三阶段在2014年夏季，研究组对受访对象进行后续跟踪访谈与焦点访谈，基本上采用相同的数据收集程序。这个阶段重点关注企业能力随时间的纵向变化，以及基本维度间的关系，并对第二阶段重要的遗漏的问题进行调研。另外，由于个人机缘，我们认识了AL的人力资源高管，通过与她及其下属的数次接触对AL的战略导向与业务逻辑有了更为透彻的了解，尤其是在创新方面。经组织同意，决定启用AL替换另一家在线旅游企业。总之，在这一阶段，本书基于现有理论与案例素材基本确定了整体研究框架和证据链结点。第四个阶段在2015年初夏，将本书建立的提升旅游企业创新绩效的解释框架返回访谈企业审核、修正，进行观点补充。

数据收集完成后，我们按照资料来源对数据进行编码，7家案例企业的资料用企业名称缩写进行编码：QJ、PY、WJ、AM、DH、TYK、AL。具体而言，访谈对象的一手访谈资料被编码为F1—F7（QJF1、PYF3等），同一访谈对象其表述相同或相近的观点按1条条目计入；二手资料我们采用S的统一编码，如WJS1、AMS3等。

表4.3　　案例资料来源和收集方式汇总

| 资料类型 | 资料来源 | 资料获取方法及主题 |
| --- | --- | --- |
| 一手资料 | ①与企业高管和利益相关者进行深度访谈；②对基层员工开展半结构化访谈；③体验与观察 | QJ：分管旅游工作的副县长、民俗博物馆馆长、办公室主任、原乔家堡村书记；旅游体验；课题组 |
| | | PY：旅游局副局长、PY古城管委会主任、综合办主任、市场开发部主任、原明清一条街总策划；项目咨询；旅游体验 |
| | | WJ：总经理、海外事业部经理、调度专员、专职导游、成都合作社总经理等8人；项目参与；跟踪观察 |
| | | AM：总经理、市场部经理、办公室主任、业务员共4人；跟踪观察 |
| | | DH：董事长、总经理、市场部经理、业务专员等7人；旅游联盟例会；业务咨询 |
| | | TYK：总经理、大堂经理、销售部主管、客房部主管等4人 |
| | | AL：人力资源经理、高级开发人员、业务分析师、员工培训师等9人；服务体验 |

续表

| 资料类型 | 资料来源 | 资料获取方法及主题 |
| --- | --- | --- |
| 一手资料 | 其他方式 | 内部资料：企业年度报告、内部文件与专题总结材料；企业外部资料：从山西省旅游局、太原市旅游局、平遥县旅游局、祁县政府、山西旅游联盟获得的相关行业报告及专题材料 |
| 二手资料 | 公开网络资料、相关研究论文、新闻报道 | 与企业有关的公开性文章以及行业或专题材料；各大论坛对案例企业的相关点评 |

## 4.3　基于案例访谈的核心构念界定

为了准确有效地构建旅游企业的网络能力、组织学习和创新绩效概念体系，本节采用典型的内容分析法（Contents Analysis）（Strauss，1987）对原始资料加以编码，结合网络能力理论、组织学习理论和创新绩效相关文献，确定 3 个主要构念在旅游企业的基本内涵的同时，对其核心维度进行提炼，对文献综述中方刚（2008）等提出的网络能力的内涵和维度进行了验证和部分修改。

### 4.3.1　网络能力的内涵与维度

通过案例材料，本书扩展了网络能力在旅游业的具体内涵，并进一步具体化了其作用的“情境”。旅游企业的各类禀赋资源少（从业人员整体素质偏低、以经验管理为主）和高度不确定性（如存活率低、所有权变化太快、人员流动频繁）使其并不具备在企业内部创造资源的能力，这在 7 个案例企业中都有显著反映，外部获取是其满足资源需求的主要途径。从资源基础理论来看，企业作为一个资源和能力的集合体，能获取超额回报、形成竞争优势不仅是因为其拥有更好的“异质”资源（resource）（Barney，1991），而且是因为该企业具有更好地利用这些资源的能力（capability）（Prahalad 和 Hamel，1990）。对于旅游企业而言也一样，资源作为静态的竞争优势基础，旅游企业只有激活蕴涵在资源中价值的特性，才可以获取竞争优势，加之旅游企业生产以网络链接形成的生产关系和产品输出模式，这也意味着旅游企业需要对网络中的合作伙伴进行动态管理。

通过嵌入网络的胜任力，旅游企业可以持续性获取蕴含在网络成员间的知识与资源，弥补自身知识与资源的先天不足，扩大旅游企业的经营视野，增强识别市场机会的能力，促进率先开发新产品、新服务与新商业模式。

对旅游企业而言，网络能力是企业利用网络关系获取蕴藏在关系中资源的一种特殊才能（intelligence），由于旅游产品的生产需要依靠网络化的联结才能完成，网络能力首先是一种基本生存能力，然后才是一种改善型的动态能力。每个旅游企业都具备一定的网络能力，但有些旅游企业却因网络能力相对较低而无法实现其参与外部网络的目标和愿景，无法获得来自外部网络的额外收益。为了厘清网络能力在提升旅游企业网络绩效过程中的作用机制，有必要进一步厘清网络能力的具体构成维度。

通过分析以往网络能力正向影响企业绩效的相关文献，对比本书以这些事项为核心故事识别网络能力的积极性反映的内容，我们提炼了可以代表旅游企业网络能力的组织活动构成。本书共界定旅游企业网络能力的 14 项基本内容：感知、识别、预测、塑造、选择、发起、解构、重构、组织、协作、优化、利用、控制、占据。其中，感知、识别、预测、塑造是指企业构建和利用网络的一种全局意识，从战略层面思考外部网络的构建、运行和基本演化规律，如何有效识别和评估战略发展机会是该项具体能力的挑战，本书进一步将其表征为网络愿景能力。选择、发起、解构、重构主要用于特定关系（relationship specific）管理，我们把它表征为网络配置能力，即旅游企业利用网络关系选择潜在合作伙伴、发起并随旅游业知识基础动态演化的需要而动态调整网络关系；而组织、协作、优化、利用主要用于组织间关系（cross relational）管理，我们把它表征为网络运作能力，即企业利用合作技巧对合作伙伴间的网络资源进行组织、协作、利用。控制、占据则构成旅游企业网络能力的另一项操作性能力，在旅游企业的具体含义是指占据创新网络中央性位置的能力，强调通过占位能力，旅游企业将自身放在网络中最具价值的位置从而获得位置资源带来的相关好处。表 4.4 提供了可表达和解释其含义的引用证据举例。

表 4.4　旅游企业网络能力维度的识别与描述

| 构成 | 关键词 | 典型案例条目 |
| --- | --- | --- |
| 网络愿景能力 | 感知 | "线上与酒店的关系在过去就是直销与分销的关系，但这种博弈常常是两方都赚不到利润的，所以我们觉得我们应该和酒店进行超越分直销关系的合作。我们在彼此业务逻辑上进行整合革新，和某酒店正在进行会员体系共享计划，也算是业务逻辑的一个革新……"（ALF1－42） |
|  | 识别 | "我们虽然是主做餐饮和住宿的，我们可以依靠自己将产品提供给游客。随着这几年'自由行'的流行，散客越来越多，我们还要靠那些旅游中介将我们的产品推出去。中介不仅包括旅行社，还包括一些在线旅游平台等。这样做主要是为了减少不确定性，而且我们发现尤其是在线旅游平台，只要我们诚信，很多游客都会给我们做免费广告，形成良性循环……"（TYKF1－17） |
|  | 预测 | "这几年线上旅游来势汹汹，很多人都选择'自由行'，但是我觉得旅行社这个行业不会退出历史舞台的：第一，线上服务也需要线下完成，就像线上旅游平台会委托我们进行地接；这些主要以其价格为前提还可提高我们的圈内声誉。第二，我经常带团出国，这部分是我们的重要利润来源，而且感觉市场还非常好。国外旅行社越做越大，他们提供专业服务，根据自身的经验提供更人性化的定制服务。现在，我们除私人服务外，也在和大企业、私人俱乐部、培训机构等企业团体进行会议接待项目合作，给他们做完整的会议游览规划与一些专业的接待。当然，这种接待任务非我们一个旅行社能全部完成，但我们都有自己很好的合作商……"（WJF1－26） |
|  | 塑造 | "我们的战略还体现在精准会员、旅游金融、云计算、开放的营销平台、产业生态 5 个方面。我们借助底层不断成熟的技术创新，将解决方案通过输出给平台上的商户，实现平台与商家联动，带动整个行业的商业模式改变……"（ALF1－4） |
| 网络配置能力 | 选择 | "信息化行业峰会"刚在杭州召开，石基、西软等十余家酒店 PMS 厂商都出席了。我们的目的就是改变酒店分销与直销的对抗性分配逻辑，希望各厂商联手将蛋糕做大……"（ALS35） |
|  | 发起 | "'三·八'妇女节我把单位腾出来开了一个红酒冷餐会，让老顾客来坐坐，他们也带上自己的朋友一起来聊，这样做扩展了彼此的'圈子'，我好多业务都是靠这种方式来发展起来的……"（WJF1－33） |
|  | 解构 | "什么都可以被看作旅游产品，如这几年，城市空间、文化元素、室内景观、遗产地等都被大量转变为旅游场所，旅游产品范围比以前扩大了好多，但是我们是没有精力、能力全部搞清楚流行趋势，基本业务信息和好的建议还是圈中的业务伙伴提供的……"（AMF2－7） |
|  | 重构 | "最近在谈新的旅游线路开放，蒙古国的旅游局找过来，让我们几个做海外游的大社一起参与他们的海外游线路规划与推广，主要是欧洲作为高端旅游市场，再开发太难了，只好不断开发……"（WJF3－15） |

续表

| 构成 | 关键词 | 典型案例条目 |
|---|---|---|
| 网络运作能力 | 组织 | “旅游业这种行业，需要打交道的人特别的多，圈子说大也大，说小很小，业内企业都是有长期固定的几个合作伙伴的，主要的信息其实都是从合作伙伴处得到的，顾客的信息都非常有限，与这些伙伴合作一般都是靠信任，这个行业需要口碑……”（TYK1－28） |
| | 协作 | “大家都清楚，旅游产品的提供会涉及很多商家，它不像手机等产品，不管有多少家供应商，最后都是以手机这么个产品展现给消费者。旅游产品就不一样，我们虽然主做餐饮和住宿，可以自己将产品提供给游客，但还要靠那些旅游中介将我们的产品推出去，这种合作就会涉及很多，如分成、结款方式等，而且即使长期合作的旅行社，也不会和你“死死绑定”，因为他也得看这单针对的是高端还是普通游客。因此，和我们合作的旅行社常常也会到隔壁比我们档次低的酒店，我和隔壁酒店虽然是竞争关系，但有时他如果觉得自己有高端的客户，但接待能力有限，也会主动给我们推过来，我们经常串门沟通一下最近的业内形势……”（TYKF1－17） |
| | 优化 | “我们几家小景点形成了一个小联盟，大家常坐在一起看看怎么搞我们这摊子事……”（DHF4－37） |
| | 利用 | “和我的老师聊天，他建议我们申请成为4A景点和申请工农业旅游项目示范点，我们就去申请了，现在是全省唯一一家两个证都拿到的景点。国家《旅游购物法》颁布后，本想着我们这个景点购物就是卖醋，在政策调控下肯定会很艰难，但没想到这两块牌子起了大作用。旅行社不提倡购物，但是我们有两个牌子，所以是景点而不是购物区，绕过了政策的圈子而且游客也是自愿的……”（DHF3－8） |
| 网络占位能力 | 控制 | “我们已经做了很多有趣的东西，并看到了很多其他景点在复制我们两三年前做过的工作，之前他们可能都不会想到这些点子”（PYF1－46） |
| | 占据 | “我们开展包机业务，不过我们实力有限，不能和北京、上海那些旅行社比，所以我们就选择一些班次频率低的航线进行垄断，这样别的旅行社拿不到比我更低的价格去做，所以这条旅游线路就是我的了……”（WJF1－14） |

## 4.3.2 组织学习的内涵与维度

组织学习的联结主义视角认为，通过对组织内外部各要素的有机融合来进一步推动包含网络能力在内的组织动态能力的全面发展，进而提升企业生存和发展能力的过程就是有效的学习过程（奇达夫和蔡文彬，2007）。几乎所有的组织学习研究中都隐含着“学习可以提高组织未来绩效”这样一个假设（Fiol 和 Lyles，1985）。基于文献的梳理，研究者倾向在实际研究中把不同类型的组织学习作为创新过程，认为这样会更富有管理意义，因为它可以具体把握不同学习类型承担的组织活动，更容易找到不同类型的企业在这些学习方式上所赋予的常规性和非常规性（anomaly）活动的规律（Gupta 等，2006），因此在具体的组织学习构念提炼过程中，我们借鉴上述思想，强调将组织学习看作一种过程，并进一步认为这种建立在协调基础上的有效学习才真正能够使旅游企业的网络能力禀赋落到实处，转化成旅游企业看得见的创新产出。从案例材料中，本研究很容易地验证了通过观察竞争对手等形式的模仿式（或称可获得式学习）是很普遍的方式，QJ 解释了他在景区开发餐饮设施的新发展思路，创意“来源于参观当地一家餐馆”。大部分受访者对模仿和复制没有固定的看法：一些人表示认可，一些人认为复制和模仿不可取。AL 的高级开发人员对此表示不满和失望，指责其他服务商的“间谍”行动。然而，同样的人力资源经理对被模仿相当积极，认为它可能有时是有利的，而且有时是无意的。我们发现，大多数知识资源是在无计划和无协调机制的基础上通过“观察学习”而实现的。在材料的不断抽象过程中，另一种学习方式也逐渐被析出，那就是实践式学习。实践式学习主要指建立在内化知识基础上的经验性学习。对于旅游企业而言，模仿式学习常常带来的是一种全新的业务体验，其创新结果带有探索性。实践式学习却常带有渐进式创新的效果，这种学习方式带来的效果会受到外部获取知识资源的质量、内部知识的流动性和内部吸收能力的影响，这些基本观点也在旅游企业中得以体现。研究发现，获得式学习除通过快速满足市场需求创造价值，除为企业提供低风险的资本流入与生存保证外，常常也会进一步诱发企业内部的实践式学习，存在知识学习的连续路径，而实践式学习更有助于帮助旅游企业脱颖而出，在市场上建立“优先合作伙伴的声誉”，帮助旅游企业获取超额市场回报。表 4.5 提供了可表达和解释其含义的引用证据举例。

**表 4.5　　旅游企业组织学习维度的识别与描述**

| 构成 | 关键词 | 典型案例条目 |
|---|---|---|
| 获得式学习 | 各种外部知识源 | “我们经常到同类景点学习经验，不仅国内还经常出国，例如前段时间前往美国佛罗里达州的迪士尼玩，想看看他们是如何做的。我认为要思考你到底想去模仿谁，确定发展目标后，你得去看看他们是如何做到这一点的……”（AMF3－2）<br>“与我们有业务往来的单位经常在业务沟通时说，你看我们这边市场推出某某线旅游了，超级火爆，不行你在你市场也开发一下？这些业务单位通常帮助我们更迅速地感知市场中消费者的兴奋点和实际需求，我们就很快上马新线路……”（WJF3－2） |

续表

| 构成 | 关键词 | 典型案例条目 |
|---|---|---|
| 获得式学习 | 各种外部知识源 | “为小孩子建立室内性景点。这对于我们目前来说是一个创新，因为这种人文景点对孩子们来说吸引力差，或者停留时间短。这想法也是从别的地方学来的，你瞧，附近这种农场体验式的景点正是这种类型的景点；附近另一个景点也正投入相同的设施……”（PYF3 - 15） |
| 实践式学习 | 知识分享 | “我们的工作人员刚刚访问了我们这样的景点。他们会对这些景点进行评价，这样做或那样做，可能对我们景点来说也是一个好主意……”（DHF3 - 21） |
| | 边干边学 | “有时候创新是随时发生的，比如我们带客人进行美国游，有次无意间路过一个农场，被热情招待。我第二次带团，主动到那儿谢了人家，就这样一来二往，他家成了我带团出去线路上的一个固定参观点，他会热情地请我们喝茶、参观他的农场，我也会事先告诉我的客人们，给他带些中国小礼品。效果非常好，客人们都很感动。回去内部一交流，我们就形成了有自己内容的旅游产品包……”（WJF1 - 41） |
| | 内部知识开发 | “老外来了，由于我们是开放式厨房，他很好奇，我呢，就邀请他们进去和我的厨师一起做饭，最后这成了我们店的特色服务……”（TYKF1 - 19）<br>“在之后一年里，我们用不一样的方式在这个行业深耕：我们把我们背后拥有的完整电商生态体系的主要角色都融入旅行这个传统行业，如蚂蚁金服、高德、优酷土豆、新浪微博、石基信息……”（ALS1） |

### 4.3.3 创新绩效的内涵与维度

在案例研究之初，我们的本意是借创新类型已有研究成果对旅游企业创新结果进行分类验证，并希望发现一些“被隐匿”的创新类型，但是效果并不理想，主要原因一是过程创新和产品创新常常交织在一起，难以准确划分，二是旅游业的知识基础变化太快，很多产品还没来得及再改进，就因需求的巨大萎缩而快速退出市场，我们只好重新换思路来对已有访谈材料进行编码。除了常用的财务指标维度，如新产品数、成本降低率、产品或服务的附加值率很容易在案例企业中找到的论据外，本书还发现，与很多服务业一样，旅游业属于典型的“快速模仿”（post - imitation）行业，在旅游业创新发展的历程中，竞争对手的模仿品和替代产品迅速推出的案例屡见不鲜。过去我们常看到很多文献对这种模仿持否定意见，认为大量模仿的存在势必对旅游业服务创新提供商的获利能力产生极大冲击，甚至制约旅游服务创新的不断涌现。现实中本书却发现，随着信息和通信技术的飞速发展，模仿周期越来越短，旅游业的创新反而愈加活跃。先动活动是一种前瞻性行为（李雪灵等，2013），它有助于旅游企业以更低的学习成本、更少的精力和财力投入、更好的市场适应性先于竞争对手采取行动，赢得生存空间。企业的先动战略在很大程度上就是一种创新战略的观点在案例旅游企业都得到很好证实。为此，本书结合旅游企业创新获利机制的特殊情境，提出游企业的创新绩效是指旅游企业将创意引入市场后导致的结果，聚焦于旅游企业先于竞争对手能够更迅速地对市场做出反应，这种反应不仅体现在新产品数量、创新速度上，还具有生产附加值高于行业平均水平的特质。财务收益和先动效应成为本书表征旅游企业创新绩效构念的两个基本维度（见表 4.6）。

表 4.6　旅游企业创新绩效维度的识别与描述

| 构成 | 关键词 | 典型案例条目 |
|---|---|---|
| 创新绩效 | 财务绩效 | “为了让顾客看到我们和别人不一样，我们很注意细节，用屈臣氏品牌的旅行套装，用东湖品牌的“桌上瓶”，等等，一眼就让顾客知道我们用心，虽然投入小，但是回报不错。你也看见了，常常需要排队预订，这是我们继续实践的动力……”（TYKF1－7）<br>“很多搞旅游的都会被问到这样的问题：你们的核心产品是什么？你拿什么去和别人竞争？回答真的很难，因为旅游是服务，什么都可以被纳入，我们不可能守着一条线路，或者一个产品包一直做下去，因为市场不允许，我们需要随时不断地依据市场的变化抛弃一些不适宜的产品，加一些新的元素进入产品包，以保证获取行业平均回报……”（WJF1－24） |
| | 先动效应 | “这个行业很讲究第一眼印象，我省开发了多家这种文化景点，规模都比咱的大，但是都似乎名气不如咱大，而且一直以来我们都是我省游线路的必游景点……”（QJF1－10）<br>“一看到媒体上有新线路，我们总是以最快速度翻抄下来，等有顾客回应时，我们会跟进后续相应工作，所以新产品包更新很频繁，第一时间进入市场对企业来说非常重要，不能别人都做了，你再进市场，那就太难了，利润早被瓜分没了，或者让一些无良商家搞臭了，你还怎么做……”（AMF2－8） |

## 4.4　基于案例分析的理论化模型构建

在上述基本构念界定的基础上，本部分主要是通过案例分析归纳 7 家企业网络能力、组织学习与创新绩效之间的关系，进而为后续理论化模型构建提供充分例证。

由于企业创新绩效的评价指标是一个多维构念，本书提炼旅游企业创新绩效的指标从财务绩效和先动效应两个方面加以考虑，包括旅游企业的市场影响力、旅游企业的财务现状、旅游企业的同业认可度等。本书根据案例访谈的一手资料以及从多渠道获取的二手资料，如基于企业客户的评价和各大主要互联网平台上的口碑等提炼与上述绩效指标相关的信息，对各旅游企业在同行业中的绩效水平进行了比较。为简单明了看清各案例企业在构念上的具体表现，本研究对7家企业网络能力、组织学习与创新绩效的表现进行了评判，由“差”到“好”的程度评价，从低到高依次为差→较差→一般→较好→好。我们又在案例访谈的第四个阶段请被访人员及专家做出审核和修正，结果如表4.7所示。

表4.7 案例企业网络能力、组织学习与创新绩效的关系

| | 评价指标 | QJ | PY | WJ | AM | DH | TYK | AL |
|---|---|---|---|---|---|---|---|---|
| 网络能力 | 网络愿景能力 | 一般 | 较好 | 好 | 好 | 好 | 好 | 好 |
| | 网络配置能力 | 较差 | 一般 | 较好 | 一般 | 较好 | 较好 | 较好 |
| | 网络运作能力 | 差 | 较差 | 好 | 一般 | 较好 | 好 | 好 |
| | 网络占位能力 | 较好 | 好 | 好 | 较差 | 好 | 较好 | 较好 |
| 中介变量 | 获得式学习 | 一般 | 一般 | 好 | 好 | 一般 | 好 | 好 |
| | 实践式学习 | 差 | 一般 | 好 | 一般 | 较好 | 好 | 好 |
| 因变量 | 创新绩效 | 差 | 较差 | 好 | 一般 | 较好 | 好 | 较好 |

如表4.7所示，WJ作为一家旅行社，高度的环境不确定性和强资源约束促使其既需要强的网络能力去快速感知、识别新兴机会，并通过模仿式学习获得低风险的资本流入与生存保证，也需要充分利用现有资源，通过实践式学习的渐进式、差异化产品与服务的创新去帮助其在同质化泛滥的旅游产品市场中脱颖而出，在市场上建立“优先合作伙伴的声誉”，通过生产高附加值的服务为企业获取超额利润，并最终获得长期良性循环式的成长。与之截然不同，QJ作为一家人文景点，虽然早期通过先动战略迅速进入目的地网络，并获得巨大经济效益和社会效益，至今在目的地网络中仍靠“占位优势”获得的持续红利维持经营，但其网络能力的各个维度均表现不佳，导致由于网络能力低而既无法准确识别新机会为企业创造价值，也无法迅速把握机会为

企业实现价值，最终造成当前该景点整体业绩差，员工怨声载道，同行对其前景充满担忧。

基于多案例研究的复制和拓展逻辑不难发现，AM 作为另一家被访谈的旅行社，网络能力整体表现不突出，使得其仍局限于通过快速模仿式学习进入市场进行同质化产品的残酷竞争。在访谈中，他们也提到自己也发现一些新的具有价值的产品组合，也想做一些不同的产品，但是由于其网络能力整体有限，想法多流于形式，无法被网络中的其他合作伙伴识别和利用，从而为自身创造价值。因此，该企业一直处于跟随者的被动地位，属于典型的通过模仿获得新产品而求得生存保证。在线旅游企业 AL，不管从网络能力，还是获得式学习和实践式学习方面都表现得相对突出，目前企业认为自身整体绩效处于较高水平，这主要是由于作为新进入者，虽然具有较强的机会感知、塑造、选择的网络能力，但由于占位能力仍没有形成绝对优势，在现有市场格局中，模仿式学习帮助企业分享市场份额的能力有限，而实践式学习带来的市场识别效应才刚刚显现。

上述案例研究结果表明：作为旅游企业创新的重要环境特征，一个有效的外部网络是改善旅游企业创新产出，提高旅游企业创新效率和旅游企业竞争力的重要因素，网络能力作为嵌入网络的胜任能力，对旅游企业创新绩效具有积极的正向影响。与此同时，作为联结机制的不同组织学习方式则最终决定了旅游企业创新绩效的不同获利特征和长短期利润。本书初步通过案例构建了旅游企业网络能力、组织学习和创新绩效的理论化初始模型（见图 4.2）。

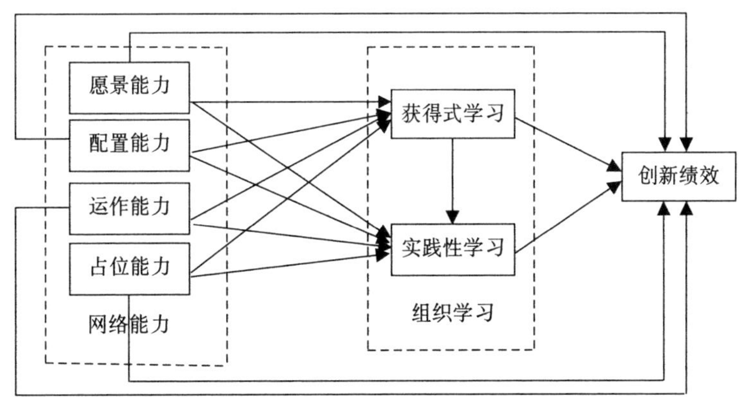


**图 4.2　基于探索性案例构建的理论化模型**

## 4.5 本章小结

本章主要完成了以下几个方面的研究工作：第一，基于对案例构建理论的适用性情境的理解，现有文献在理解旅游企业创新绩效上存在研究空白和自相矛盾的地方，因此利用案例构建理论存在合理性和正当性。第二，在确定选用案例构建理论的研究方法后，本章又系统性比较当前案例构建理论在具体不同方法使用上的异同点，决定采用“案例研究+理论升华”这样的研究结构布局，并对相关依据进行详细的论述。第三，在上述基本方法和基本研究步骤确立后，严格遵循案例构建理论的规范性步骤具体展开案例研究工作。通过进入现场、案例内分析、跨案例分析、提炼基本构念等步骤，形成了旅游服务创新轨道、网路能力、组织学习、创新绩效在旅游业中的具体情境构念。其中，提炼出网络愿景能力、网络构建能力、网络运用能力和网络占位能力来表征网络能力；获得式学习和实践式学习表征旅游企业的二元组织学习方式；先动效应和财务收益表征旅游企业的创新绩效。第四，基于案例间的分析，结合“与文献的对话”，围绕旅游企业服务创新的特殊情境，初步提出网络能力、组织学习对旅游企业创新绩效影响的理论化模型。

# 第5章

# 网络能力、组织学习对旅游企业创新绩效影响的假设提出

基于上一章的探索性案例研究，我们描述了表征激发、促进旅游企业创新高绩效的数据和构念，并将构念间的关系进一步理论化，初步开发了一个与实际数据高度关联的理论化模型。在该模型中，我们提出，网络能力对旅游企业创新绩效具有积极的正向影响作用，组织学习在网络能力对旅游企业创新绩效作用机制中起到中介作用。旅游企业利用网络能力禀赋发现新的机会及所需资源，获取资源又需要通过必要的组织学习机制进行现实转化与利用，创新绩效是组织学习后的结果。也就是说，网络能力的高低会潜在决定一个企业知识资源获取的质量，而有效的组织学习是知识资源转化成创新产出的重要保障机制。最终，追求创新产出的高绩效组织行为就是要帮助旅游企业构建和维护他们的核心竞争力和竞争优势。本章我们继续将网络能力、组织学习、创新绩效再次放入旅游业的情境（context）进行周全考虑，结合资源基础观、组织学习理论、网络能力理论及动态能力理论的理论逻辑对上述关系进行深入挖掘。通过理论化模型，我们需进一步搞清楚3个问题：第一，网络能力的不同维度对创新绩效的影响和作用机理。第二，组织学习作为网络能力和创新绩效的中介变量，它所包含的两种不同学习方式对创新绩效的作用机理。第三，获得式学习和实践式学习之间的作用关系。本章旨在为旅游企业利用网络能力提升企业创新绩效的内在机理提供理论解释，并就此提出相应的假设，作为一个完整研究周期中量化研究的开端。

## 5.1 网络能力与组织学习

“外部网络”作为旅游企业知识资源最基本的渠道和生产管理最基本的组织方式，存在有别于其他企业网络的特殊意义。不过从已有的研究我们看到：一方面，主流研究很多关注特定网络结构特征对企业创新绩效的影响，对网络结构的变化和演化过程缺乏深入分析；另一方面，如案例素材也证实的，“旅游企业就像一组建筑积木（building blocks）构成的开放创新系统，这些由各种行动者（Actors）构成的积木块在会在以旅游目的地相联系的空间网络中因某种特定需求而进行交互组合或变换更新”。这似乎更强调对网络中关系的动态组合和变更等能力。网络能力不仅会关注网络关系的作用，更会发挥其能动性的特质去构建、动态调整和利用网络关系识别新机会。与此同时，旅游企业为了降低终身严重资源约束和机会窗口期短的风险，更要利用外部网络关系去最大化的获得所需资源，并进一步通过组织学习行为提高网络资源和知识的整合、利用和转化效率。因此，本书认为，研究网络能力对旅游企业创新管理更具有实践意义。上一章我们已经通过案例数据与当前学者研究成果的反复叠加、不断比较，确定了网络能力的 4 个维度：网络愿景能力、网络配置能力、网络运作能力和网络占位能力。我们将分别从这 4 个维度详细论述其与组织学习间的关系。

### 5.1.1 网络愿景能力与组织学习

网络愿景能力（Network Visioning Capability）作为一种战略性能力，是企业对与自己发展有关的网络发展的整体看法，预测网络演化的方向，识别网络机会的战略技能（徐金发等，2001）。该种能力有助于企业根据自身需要，进一步筛选符合自己整体战略和创新战略意图的合作伙伴，在进入外部网络和在外部网络活动过程中能够做出最佳决策（Hagedoorn 等，2006），进而保证企业的创新绩效。网络愿景能力对组织学习具有并不直接的却深远而且重要意义的影响，它在一定程度上决定了企业从外部网络中获取知识的质量水平和高度（Möller 和 Halinen，1999）。

首先，网络愿景能力能很好地帮助旅游企业评估其现在和未来发展的有关信息，对企业正在和将要学习的目标和对象给予判断。该能力的积极效应在网络间的传递又可以帮助旅游企业获得更多的有相同价值观和发展观的网络成员的认同，有利于其在网络中的身份确认，成为企业获取深层次、更高质量学习资源的有效保障（Dubois，1998）。

其次，网络愿景能力能很好地帮助旅游企业评估网络内的信息和知识，一方面使得旅游企业能即时有效发现自己所拥有的知识库水平在整体网络中的相对位置，进而提高其学习意图和学习动机，有效避免旅游企业被锁定在次优水平的知识库层面和造成现有内部知识库的僵化，最终促进企业创新活动的开展；另一方面，好的愿景能力能帮助旅游企业建立有效的知识关键联系人，从而有效降低企业冗余知识的干扰（王海花和谢富纪，2012），提高旅游企业获取知识的效率和效果。

最后，网络愿景能力还有可能激发网络成员间共同建立一致战略的创新意愿。网络成员间如果能形成统一的愿景，就会形成紧密连接，一起发现什么信息对改进系统是重要的，进一步刺激成员组织去追求实践式创新，进而正向影响网络成员之间知识的共享和流动，能够激励其创新能力（Rotolo 等，2010）。

综上所述，网络愿景能力是一种旅游企业构建和管理网络关系的主动意识，它体现了焦点旅游对其嵌入网络环境的认知和理解，是其对网络动态变化采取具体行动与反应的基础，同时网络愿景可以解决旅游企业关于网络关系的动力问题。案例素材中的实例也证明，同一网络中的旅游企业存在很大差异，网络愿景能力较差的旅游企业经常会故步自封，不会积极主动地用心去构建、维护和利用外部网络关系，参与外部网络活动的水平低进而使得其向合作伙伴的学习效果也较差。访谈过程中我们能明显感觉到这些旅游企业的被动和被市场左右的无奈。网络愿景能力越好的旅游企业则通常都能凭借这种能力禀赋清晰地知道外部环境的机遇和挑战，客观评价自身条件的优势和劣势，有的放矢地指导旅游企业配置和管理网络关系，进而创造性地达到识别、整合外部资源的目的。基于上述分析，本书提出：

假设 1a：旅游企业网络愿景能力对获得式学习有着显著的正向影响，即网络愿景能力越强，企业获得式学习效果越好。

假设 1b：旅游企业网络愿景能力对实践式学习有着显著的正向影响，即网络愿景能力越强，企业获得式学习效果越好。

### 5.1.2 网络配置能力与组织学习

网络配置能力是旅游企业在愿景能力的规划蓝图指引下，选择、发起并随旅游业知识基础高度动态演化的需要而动态化的调整（解构或重构）整个网络关系（包括目的地网络、供应商网络、消费者网络、竞争者网络等）的能力。它实际上描述的是企业有搜寻并选择合适外部伙伴，以及建立与潜在合作伙伴间直接联结的实质性能力（方刚，2008）。现有绝大多数研究认为，凭借网络配置能力，可以提高企业在网络参与中的运作效率，通过提升企业拥有各类知识资源的杠杆作用而获取竞争优势。

外部知识源具有丰富性，同时外部知识源拥有的知识也难免具有重复性或冗余性（王海花和谢富纪，2012）。以 WJ 和 AM 为例，作为旅游业的关键行业，旅行社更集中浓缩体现了旅游业特有的结构性和非结构性发展障碍：企业规模小，存活率低、所有权变化太快、内部资源和管理经验严重缺乏，整体从业人员工资待遇不高、素质偏低。其生产又是以强调要素、轻视秩序的联合生产为基本生产组织方式的，可以说，时间、人力、资本等资源和内部管理能力的瓶颈更是加剧了旅游企业在创新过程中与所有外部知识源维持紧密的直接联系的难度。建立多层级的网络结构，集中资源维护有限数量但高质量的合作伙伴，有效识别非冗余性知识的来源，获取非重复性的知识资源成为旅游企业网络构建中另一项必要的组织活动。本书基于对社会网络的结构洞（Burt，2004）理论，将上述旅游企业网络配置能力中的这个活动组成部分用“解构”概念加以表述。

总之，不管是发起、解构，还是重构网络关系，网络配置能力决定了旅游企业实际建立的网络关系的质量与范围，网络关系决定了旅游企业信息和知识扩散通道的质量水平。网络关系把不同技能和经验聚合在一起，提供产生创新的潜在性。实实在在存在的不同网络配置能力就代表了企业不同的获取新知识的机会，网络配置能力越好的企业，其受益于网络的可能性越高，越有可能获取所需的战略资源，增加信息的多元性和信息的新颖性，以这种方式促进和支持创新。与此同时，网络配置能力高的企业有着更好的信息渠道来了解网络中正在进行的活动，这也增加了旅游企业建立新网络伙伴的可能性。从案例材料中，我们也看到，网络配置能力越好，旅游企业就越有可能在模仿式创新蔓延以前以更快的速度获取所需战略资源，扩展其资源的新颖化水平和多元化范围，这种战略资源对于旅游企业非常关键，旅游企业借由网络配置能力建立的驱动机制获取所需外部资源、产生新想法并由此促进创新。总之，现有研究普遍支持，该种操作性的网络有助于帮助企业学习合作伙伴的商业技能，整合、吸收外部知识资源，扩大自己知识的深度和广度（Kim 和 Inkpen，2005），从而提高企业模仿式创新和渐进性创新的可能（任胜钢等，2011）。基于上述分析，提出如下假设：

假设 2a：旅游企业网络配置能力对获得式学习有着显著的正向影响，即网络配置能力越强，企业获得式学习效果越好。

假设 2b：旅游企业网络配置能力对实践式学习有着显著的正向影响，即网络配置能力越强，企业实践式学习效果越好。

### 5.1.3 网络运作能力与组织学习

网络运作能力作为另一种操作性能力，主要作用是帮助企业提高关系质量（朱秀梅等，2012）。对旅游企业而言，网络运作能力具体描述的是对二元关系、对三元及更多关系的一系列组织、协作、利用与优化。这些实质性交互活动对于提高旅游企业组织学习的效果具有非常直接的作用。

很多学者指出，网络间成员持续互动不仅可以帮助彼此相互了解，而且成员间能发展出共同的价值观体系、行动准则和共同解决问题的原则与规范（Shapiro，1992）。网络运作能力越强，越可以帮助旅游企业更多了解其他网络成员的能力与意愿，增强企业间信任，进而提高知识流量，促进知识分享。同时，旅游企业的网络运作能力禀赋越好，将导致企业间的组织规程更加彼此依赖，而成功学习的关键因素就是企业之间能形成持续的、重复性的交互过程（窦红宾和王正斌，2011）。这一过程的发生将有助于企业获得有用的知识资源，也可以让网络成员间建立达成共识的知识诠释（蔡宁，2008）。这种关系维护也被认为具有“高情感”的特点，能有效降低沟通成本，减少机会主义行为，降低知识资源获取的成本（Hite 和 Hesterly，2001），从而有利于降低企业创新结果的不确定性。这一点我们在旅游企业的案例素材中也得到证实，并且在旅游企业体现得愈加明显，旅游企业与网络伙伴之间常常是营利性和非营利性并存的关系，无法单纯用金钱交易来衡量，而通过运用不同方式建立起的与网络成员间的知识联系，有助于旅游企业利用由内向外、由外向内以及耦合的知识流动，促进外部知识的输入和内部知识的输出。案例中的WJ就曾经和我们反复强调："我们现在的很多业务都是以前客人引荐过来的，而这些客人也曾经是我们带过的团结交下的，业务常常就是这样在滚雪球似地开展。客人们为啥都会免费为我们做宣传？那是因为他信得过我们，他们亲身都体验过我们的服务，并且愿意与我们长期打交道，所以敢托付自己的熟人来我这儿参团旅游。这些客人还会主动让我们分享他们的可利用资源（WJF1－41）。"综上所述，提出如下假设：

假设3a：旅游企业网络运作能力对获得式学习有着显著的正向影响，即网络运作能力越强，企业获得式学习效果越好。

假设3b：旅游企业网络运作能力对实践式学习有着显著的正向影响，即网络运作能力越强，企业实践式学习效果越好。

### 5.1.4 网络占位能力与组织学习

网络占位能力作为另一种具体的网络操作能力，体现了企业通过占据外部网络中央性位置而获取利益的能力。它强调企业通过这种能力将自身置于网络中最具价值的位置。从案例访谈中我们发现，大多数被访者认为，网络能力的挑战主要来源于对不同合作者关系的强弱处理问题，以及旅游企业能否通过上述一系列网络活动，最终在整个网络关系中拥有相对强势的话语权。通过与文献的反复比对，这些网络能力的表征对应于社会网络理论中的强弱关系和中心位置等理论。

首先，当企业通过占位能力有机会与其他网络中威望高的成员建立关系网络时，企业便拥有了更为广泛的关系桥梁和信息通道，这就意味着可以更容易接近新的潜在消费群体或新的商业合作伙伴，获得创新活动所需的各种资源，进而能更有效地促进组织学习的成果转化。

其次，旅游企业的知识基础多为经验性知识，虽然知识编码程度低，但多为隐性知识，借助于自己网络位置的中央性优势，信息承载量大，可以有效辨识隐性知识的真伪，使得隐性知识传递的准确性更高，误差性更小，旅游企业进而可以获得隐性知识交换方面的优势。

最后，网络占位能力还可以提高旅游企业在相关领域内的声誉和地位（Powell等，1996），这不仅有利于旅游企业获取重要的创新关键知识，而且凭借这种声望，企业可以吸引更多的网络潜在成员建立合作伙伴关系，增加了企业了解各种信息和获得有价值知识的可能性，有助于企业从事更高水平的创新活动。综上所述，提出以下假设：

假设 4a：旅游企业占位能力对获得式学习有着显著的正向影响，即网络占位能力越强，企业获得式学习效果越好。

假设 4b：旅游企业占位能力对实践式学习有着显著的正向影响，即网络占位能力越强，企业实践式学习效果越好。

## 5.2　网络能力与旅游企业创新绩效

根据现有的关于企业网络能力的相关文献，自 Håkansson（1987）最先提出企业网络能力的概念后，网络能力的发展同样遇到了多学科的交叉融合，国内外学者相继从组织间关系等视角出发对网络能力这一变量进行了定义（Johanson 等，1988；Möller 和 Halinen，1999；Ritter，1999；Ritter 等，2002；Ritter 和 Gemünden，2003；Hagedoom 等，2006；徐金发等，2001；邢小强和仝允桓，2006；方刚，2008；朱秀梅等，2010；任胜钢，2010；任胜钢等，2011；王海花和谢富纪，2012），目前虽未达成共识，但在网络能力概念的内涵界定上主线也是非常分明。以能力视角为主，研究者多数受动态能力理论以 Teece（1997）等为代表、在学术界受认可度高的这一流派影响。能力的资质观是被普遍认可的观点，概念之间的差别也只是具体反映在构成维度的包容性上。

研究者在网络能力研究上普遍认可这样的研究逻辑：第一，网络能力进一步将企业的动态能力聚焦于对网络的处理能力上，即“企业与企业间在从网络中获取资源的能力上为何会存在显著差异，有些企业擅长处理网络关系，有些则相反”。第二，由于多数研究者将网络能力视作一种动态能力，在对企业创新绩效的关系研究上也有很多共通之处，学者们普遍认同，网络能力使企业通过创造、拓展、修改、整合并重构企业关系得以增加企业获得外部知识和资源的机会和可能性，进而让企业能够及时改变和创新，以应对市场的变化、顾客的需求和技术的要求。利用这种能力，企业可以有效避免冲突，也可以收获由网络产生的信息优势和位置优势，最终对企业创新水平产生影响。Möller 和 Halinen（1999）认为，网络能力可以帮助企业建立与网络成员的信任和信息共享机制，最终为企业带来满意的组织绩效。与 Ritter 等、Möller 和 Halinen 的切入角度不同，Hagedoom 等（2006）借助社会网络的结构洞（Burt，1992）理论，表达了企业凭借网络能力占据网络中央化位置的好处，企业不但可以收获丰富的信息，而且可以提高声望与名誉，为进一步筛选创新合作伙伴创造有利的条件，保证企业创新的绩效。

总之，不管是对于网络能力与组织创新绩效之间关系的理论层面研究，还是最近几年在实证研究方面取得的有效进展，网络能力会对企业提升创新绩效、获取竞争优势产生正向影响，这一点已得到普遍肯定。本书也延续这种逻辑，同样认为网络能力具有改善旅游企业嵌入的外部网络形态的功能，这种能力有利于使网络形态向更有利于实现企业战略目标的方向进行转变，进而有助于企业提升创新绩效、获取竞争优势。根据本研究的网络能力维度划分，网络愿景能力作为企业对外部网络的整体性思考，其能力越强，越有助于企业识别、感知嵌入在外部网络中的有战略意义的新机会和新活动。网络配置能力则可以帮助旅游企业通过与合作伙伴间的关系构建进而嵌入一个超越自身知识体量而更为丰富和多样性的知识环境。网络运作能力有助于改善、提升与合作伙伴的关系质量，网络占位能力则有利于帮助旅游企业通过占据有利位置进而获取位置资源所带来的好处。总之，网络能力是旅游企业基本生产和企业创新的重要环境特征，作为本书研究旅游企业提高创新绩效逻辑链条中重要的一环，旅游企业创新绩效的提高正是其网络能力较好运用和网络资源高效率配置的结果（方刚，2008）。根据上述分析，结合通过案例已得出的结论，我们进一步将命题转化为研究假设：

假设5a：网络愿景能力对旅游企业创新绩效具有显著正向影响。

假设5b：网络配置能力对旅游企业创新绩效具有显著正向影响。

假设5c：网络运作能力对旅游企业创新绩效具有显著正向影响。

假设5d：网络占位能力对旅游企业创新绩效具有显著正向影响。

## 5.3 组织学习与旅游企业创新绩效

Rothwell（1992）指出，创新过程本质上就是一个学习过程，是用知识生产新知识、是一种关于技术诀窍的积累过程。暗含着“学习可以提高组织未来绩效”的假设几乎出现在所有的组织学习研究中（Fiol 和 Lyles，1985）。下面我们具体阐释获得式学习和实践式学习对创新绩效的作用机制。

### 5.3.1　获得式学习与旅游企业创新绩效

资源基础理论认为，企业可以被看作一个获取、共享知识资源的知识库（Kogut 和 Zander，1992），知识资源作为最重要的创新战略资源，是企业获取竞争优势的重要源泉（Grant，1996）。企业通常会采取两种战略来获取知识资源：一种是内部（in - house）发展战略，主要是对企业内部知识基础和能力的进一步转换、利用和挖掘形成新的知识资源；另一种是利用超越组织边界的外部知识资源，如战略联盟就是获取外部知识资源常用的战略合作手段之一。Huber（1991）认为知识资源获取是知识资源被另一个个体与组织重新占有的过程，Ireland 等（2003）认为这个过程的关键就是组织学习，因为知识不在于对它的拥有，而在于对知识资源有效率的转化和利用。其中，前者涉及的就是我们也通过案例素材抽象得到的概念——经验性学习（Experimental Learning），而后者涉及的就是获得式学习（Acquisitive Learning）。已有文献早已证实，这两种基于不同知识来源的组织学习实践都会对企业创新产生积极作用，组织学习程度越高，企业越能比竞争对手以更快的速度发现新的市场机会和减少环境带来的不确定性，创新绩效水平也会越高（Hurley 和 Hult，1998）。

获得式学习（又称模仿式学习或复制性学习）强调对外部环境的关注，是企业主要通过电视、报纸、网络、报告等外部公共知识源和利益相关者构建的关系网络获取企业所需的相关知识，并将其内在化（internalizes）的过程。对于其对企业创新绩效的作用，首先，获得式学习为企业创新活动提供丰富的知识基础。企业能以低成本从各种渠道迅速获得自己所需的知识，有利于快速扩大专业知识的深度和广度（Kim 和 Inkpen，2005），有效改善企业的知识库，避免企业被锁定在次优水平的知识库层面和造成现有内部知识库的僵化。其次，获得式学习可以增加旅游企业开展创新活动的机会，有助于企业扩大创新视野，帮助企业发现更多新兴的市场机会（Li 等，2010），更好识别消费者偏好，高强度的获得式学习可以有效提高产品的质量，产生较少的产品投诉，使其生产的产品具有更好的市场兼容性（Matusik，2002）。再次，模仿式学习对企业自身具备的资源和能力要求不高，这种方式可以使企业以较少精力和财力获得大量自身所需知识，从而帮助资源瓶颈企业先获得生存保障（李雪灵等，2013）。尤其是对于旅游企业，我们已经证实，由于需求泛化导致旅游业存在知识边界的高度收缩和扩张系统性风险，旅游企业完全可以通过快速获取信息进行模仿式学习。最后，获得式学习可以进一步诱发旅游企业创新的先动战略。旅游业属于“模仿快速”的行业，并且很多企业规模小，市场地位非常有限，这就意味着，获得式学习能力越强，越能帮助旅游企业及时获得有关市场特别是消费者需求的变动信息，在动荡与高度不确定性的大环境中先于竞争对手识别机会，及时采取有利行为赢得生存空间，甚至能化威胁为机遇。

需要指出的是，虽然模仿式创新在摆脱资源约束、应对动荡环境等方面有其优势，但主流研究认为，它只能为企业形成短暂的竞争优势，要想获得持久竞争优势，企业最终要实现自主创新。本书则认为，由于旅游业产品和生产方式具有特殊性，尤其是由此引发的旅游业知识基础存在独特的动态演化现象，模仿式学习会一直作为旅游企业的基本学习方式而存在，基于上述认识，本书提出：

假设 6a：获得式学习对旅游企业的创新绩效有显著的正向影响，即获得式学习越有效，旅游企业创新绩效就越高。

### 5.3.2 实践式学习与旅游企业创新绩效

实践式学习主要是企业针对组织内部已有知识（firm's existing internal knowledge）的进一步转换（transform）、扩展（extend）与挖掘（exploit）。它强调边干边学，包含着内部沟通、内部私有知识的开发和新经验的积累等具体的组织学习行为，是一个不断试错的过程。Zahra 和 Garvis（2000）认为，实践式学习本质是企业对现有能力和创新范式的一种提高与拓展，可以有效帮助企业提高创新绩效（Garcia 等，2003）。

具体而言，第一，实践式学习可以帮助旅游企业通过对现有产品和服务的深度挖掘从当前既有的顾客群中获取更多的超额回报。第二，实践式学习也是以一种相对较低风险的方式拓展企业的生产运营。它比模仿式学习更进一步，倾向于对当前产品和服务组合进行拓展与延伸（March，1991）。第三，尽管成功的实践式学习比那些模仿性学习获得的产品创新程度要小，但其取得的回报极为可观，旅游企业多以向顾客提供服务为主，由于服务具有无形性和体验性等特征，服务价格常常会在消费者跨过认知鸿沟后出现价格敏感性的迅速降低，从而为旅游企业带来较高的产品服务附加值回报。第四，相对于模仿式学习，实践式学习导致的创新结果就是为旅游企业树立市场识别度。第五，鉴于新产品和新服务项目研发存在的高风险和不确定性（Cooper，1993），加之旅游企业普遍规模偏小、资源有限，所以实践式学习也是旅游企业适应环境的产物。因此，本书提出如下假设：

假设6b：实践式学习对旅游企业的创新绩效有显著的正向影响，即实践式学习越有效，旅游企业创新绩效就越高。

### 5.3.3　获得式学习与实践式学习

从案例素材中可以看到，由于模仿非常普遍，包括在线旅游、旅行社等提供的旅游产品包都大同小异，但为何经营一样的产品还会存在企业经营好与坏的差异呢？我们发现，从事模仿式学习而排除实践式学习的旅游企业很可能无法获取超额行业平均回报，却陷入信息搜索而停滞不前的生存陷阱之中。因为这些企业忽视了通过实践式学习进行市场识别、获取高附加值创新带来收益的可能。本书进一步认为获得式学习和实践式学习两者之间存在相关关系。具体而言，首先，获得式学习是实践式学习存在的基础。对持续投资服务创新的旅游企业来说，他们也需要先保障开发和维持新的模仿式学习，因为模仿式学习能帮助旅游企业快速满足市场的需求，从而为企业提供较低风险的资本流入和赢得生存空间所需的稳定资金支持（Garcia 等，2003）。其次，获得式学习是旅游企业实践式学习实现创新的根本保证，对现有正在经营的服务和产品知识的深入挖掘可以帮助企业更有效地实现服务范畴的不断纵向拓展和经营水平的不断提升（朱朝晖，2008），尤其是对于资源严重受到束缚，企业市场份额低、缺乏谈判地位的旅游企业而言，获得式学习可以帮助其有效克服小、弱、差的先天缺陷。获得式学习是一个基础，握有大量知识和信息的旅游企业更能准确预见环境变化中变化的本质及潜在的商业机会，准确把握市场动态，企业将对市场做出更加准确的判断这种判断与企业内部的知识和能力结合，将更能产生适应市场需求的新服务和新产品。因此，我们认为，模仿式学习是企业永续经营的一个基础保障。一个旅游企业如果模仿式学习水平不高或者无法做好，实践式学习水平再高或者再强调实践式学习，对创新绩效来讲都是画饼充饥、纸上谈兵而已。因此，对于旅游企业而言，提高创新绩效必须借助于高水平的模仿式学习。

正如 Li 等（2010）在对转型情境下的我国制造企业自主创新能力分析中

曾辩证性指出的："不管技术变化程度如何，不管市场变化程度如何，企业始终需要模仿式学习。模仿式学习是企业盈利的来源和保障；模仿式学习是实践式学习的基础。"综上所述，本书提出如下假设：

假设 6c：获得式学习对实践式学习有着显著的正向影响，即企业获得式学习水平越高，实践式学习水平也会越高。

## 5.4 网络能力、组织学习与旅游企业创新绩效

"外部网络"作为旅游企业知识资源最基本的渠道和生产管理最基本的组织方式，意义非凡。不过，对已有研究整理后我们发现：一方面，很多主流研究将研究焦点放在了对特定网络结构特征对企业创新绩效的影响上，忽视了能动性的网络能力对网络结构的动态调整与形成的动态演化；另一方面，如案例素材所归纳的，"旅游企业就像一组建筑积木构成的开放创新系统，这些由各种行动者构成的积木块在会在以旅游目的地相联系的空间网络中因某种特定需求而进行交互组合或变换更新。这似乎更强调对网络中关系的动态组合和变更等能力"。网络能力不仅关注网络关系的作用，更关注如何构建、动态调整和有效利用网络关系发现和利用新的机会，因此我们认为，研究网络能力对旅游企业创新管理更具有实践意义。

与此同时，伴随终身的严重资源约束问题使旅游企业不但要利用网络关系获得所需资源，更强调资源整合、利用和转化的效率。组织学习的联结主义提出，有效的组织学习正是通过对企业内外部各种资源要素的有机融合来推动包含网络能力在内的组织能力的动态发展（奇达夫和蔡文彬，2007）。如前所述，隐含着"学习可以提高组织未来绩效"的这样一个假设几乎在所有组织学习研究中都被加以肯定（Fiol 和 Lyles，1985），但目前如何通过组织学习获取竞争优势对于旅游企业而言并不清楚和没有明确的界定，而且已有研究对企业获得式学习和实践式学习与企业创新绩效的作用也存在自相矛盾的结论（Inkpen，2000；Dess 等，2005）更使得我们无法妄下结论，因此对于进一步明晰旅游企业网络能力对创新绩效的作用机制而言，引入获得式学习与实践式学习作为中介变量，将有着重要的理论意义与实践意义。基于上述分析，本书提出以下假设：

假设 7a：在网络能力影响旅游企业创新绩效的机制中，获得式学习起中

介作用。

假设 7b：在网络能力影响旅游企业创新绩效的机制中，实践式学习起中介作用。

## 5.5　本章小结

本章在第 4 章探索性案例构建的理论化模型基础上，结合已有相关文献研究，对旅游企业网络能力、组织学习与创新绩效的关系进行了深入剖析，进一步通过理论演绎与案例归纳明确获得式学习、实践式学习在旅游企业网络能力对企业创新绩效影响机制中扮演中介作用，即网络能力是通过作用于获得式学习和实践式学习进而促进旅游企业创新绩效，并据此提出后续量化研究将要检验的理论假设（见表 5.1）。

表 5.1　旅游企业网络能力、组织学习对创新绩效影响机制的研究假设

| 假设序号 | 假设具体描述 |
|---|---|
| 假设 1a | 旅游企业网络愿景能力对获得式学习有着显著的正向影响 |
| 假设 1b | 旅游企业网络愿景能力对实践式学习有着显著的正向影响 |
| 假设 2a | 旅游企业网络配置能力对获得式学习有着显著的正向影响 |
| 假设 2b | 旅游企业网络配置能力对实践式学习有着显著的正向影响 |
| 假设 3a | 旅游企业网络运作能力对获得式学习有着显著的正向影响 |
| 假设 3b | 旅游企业网络运作能力对实践式学习有着显著的正向影响 |
| 假设 4a | 旅游企业网络占位能力对获得式学习有着显著的正向影响 |
| 假设 4b | 旅游企业网络占位能力对实践式学习有着显著的正向影响 |
| 假设 5a | 旅游企业网络愿景能力对该企业创新绩效具有显著正向影响 |
| 假设 5b | 旅游企业网络配置能力对该企业创新绩效具有显著正向影响 |
| 假设 5c | 旅游企业网络运作能力对该企业创新绩效具有显著正向影响 |
| 假设 5d | 旅游企业网络占位能力对该企业创新绩效具有显著正向影响 |
| 假设 6a | 获得式学习对旅游企业的创新绩效有显著的正向影响 |
| 假设 6b | 实践式学习对旅游企业的创新绩效有显著的正向影响 |
| 假设 6c | 获得式学习对实践式学习有着显著的正向影响 |
| 假设 7a | 获得式学习在网络能力影响旅游企业创新绩效的机制中起中介作用 |
| 假设 7b | 实践式学习在网络能力影响旅游企业创新绩效的机制中起中介作用 |

# 第 6 章

# 网络能力、组织学习对旅游企业创新绩效影响的实证设计与检验

在系统性阐释了旅游业及其服务创新轨道的特殊“情境”基础上，我们通过第 4 章和第 5 章，运用案例构建理论的研究策略，通过归纳式方法发现并提炼了网络能力、组织学习方式、创新绩效在旅游企业中的具体构念，并通过“与理论的对话”（Eisenhardt，1989；毛基业和李高勇，2014）构建了网络能力对旅游企业创新绩效作用的理论化模型，提出了相应的命题。基于目前管理研究者已普遍形成“案例构建理论与量化研究法在研究逻辑上具有相辅相成的互补优势，两者结合可以形成完整研究周期（Eisenhardt 和 Graebner，2007）”的科学研究策略共识，遵循这样的研究策略主张，根据本书的研究框架，从本章开始，我们首先对通过案例构建理论得到的相关构念进行最终的量表开发，继而通过大样本问卷调查的实证研究法展开对所提出相关假设的理论验证，并借此对定量研究结果做进一步深入的讨论分析。

## 6.1 量化研究方法

本书属于在企业层面上的研究，在管理类的量化实证研究中，客观数据和主观数据各有优劣势，其中问卷调查是最常用的方法之一，其优势在于能在一定程度上突破客观数据的局限，尤其是无法得到准确的企业财务数据的情况下。已有大量学者在关于客观数据和主观数据的研究结果比较上给出了充分证明，认为主观和客观测量的信度和效度并没有差别。Ramanujam 和 Venkatraman（1986）的研究甚至表明，与存档形式的客观数据相比较而言，

主观数据甚至会表现出更少偏差。另外，在具体关于旅游企业创新绩效的测量问题上，学者 Camisón 等（2012）专门撰文对旅游企业创新绩效的衡量问题做过深入探讨，在创新投入产出指标的选择上，他们也建议将旅游企业难以界定的创新投入产出（即客观指标）通过动态能力等主观指标加以补充，因为这在一定程度上可以消除不同类型旅游活动的创新特征差异，破解不同类型旅游企业无法有效比较的困扰。所以本书接纳上述观念，采用旅游企业问卷调查的方式进行数据收集。

需要说明的是，本章将要涉及的网络能力、组织学习和网络绩效的结构研究与量表开发工作其实在案例研究部分就已经交互穿插地进行着，具体概念构成维度在数据分析过程中逐渐形成的同时，我们也通过对已有现成量表的组合和调整来具体反映旅游企业在各个构念上的具体构成维度，并在案例研究的第三、第四个阶段，分别请相关人员对各维度及具体题项进行深入讨论与修正，最终问卷定稿。在此基础上，我们严格按照问卷发放、数据收集、数据录入、数据分析等具体步骤展开相应的量化式的理论检验。下面先从问卷设计、变量测度、数据收集和分析方法等方面对本章所采用的研究方法进行阐述。

### 6.1.1　问卷设计的过程与可靠性

（1）问卷设计过程。保证调查数据质量的基本前提就是要科学合理地对问卷开展相应的设计工作。其设计要点就是要根据研究目标设立问卷问题，要依据调查对象特征来设置问卷问题（吴明隆，2010）。由于本书研究对象的创新活动存在“情景依赖性”，虽然根据案例形成的关键构念在现有研究文献中都并不是什么新的概念且这些概念都已得到过相应的检验，但因找不到在旅游企业的相关应用，直接拿来使用将会存在诸多顾虑。故如何设计一份既切合本书研究主题，又能获得尽可能真实数据的问卷成为本研究的又一个重大挑战。为保证问卷的信度和效度，本研究分 3 个步骤具体展开问卷设计工作：

步骤 1：大容量、高强度的文献梳理与不断反复的案例构建理论。在案例研究中逐渐厘清 3 个主要构念网络能力、组织学习和创新绩效后，我们发现，在 3 个主要构念中，虽然关于组织学习的研究基础已经非常丰富，可是针对模仿式学习方式与实践式学习方式这种二分法的定量研究并不多见，特别是针对旅游企业创新的创新输出过程的实证研究基本上都停留在某个阶段的案例探讨层面，建立在大样本基础上的实证研究比较匮乏。在创新绩效评价上，现有研究多来自对制造业有形产品的实证成果，所以我们看到大多数文献在考量企业的创新绩效时多聚焦于财务绩效，如新产品的销售收益率（Return on Sales，ROS）、专利数量等，虽然旅游研究方面的学者认为这些指标无法完全有效反映旅游企业的创新活动特质（Hjalager，2010；Camisón 等，2012），但对于采用何种方式与指标去衡量旅游企业这样服务业的创新绩效却仍停留在概念探讨的阶段。在另外一个关键变量——网络能力对旅游企业创新绩效的影响方面，现有研究虽然提供了较多理论借鉴，并提供了很好的具有很高效度的测量维度，可是这些指标需要适当在旅游企业创新上进行修正、改良，可以说，这 3 个主要概念都缺乏相对成熟的参考借鉴，这对本书在提出概念深化和理论构建要求的同时，也增加了量表开发的难度和挑战。为了尽可能准确地把握网络能力、组织学习方式对旅游企业创新绩效的作用机制，唯一可行的研究途径就是在掌握大量文献的基础上，通过案例构建理论方法，通过不断对数据与理论的反复比较，检查那些与现有理论存在矛盾的文献，提炼研究主题、厘清可能存在的变量间互动逻辑关系、归纳变量测量指标和构建内涵丰富的综合理论模型，为定量研究提供坚实的理论基础。

步骤 2：再次对与确定好的研究主题吻合度较高的旅游企业开展小样本深入访谈，这在案例研究第三和第四个阶段穿插进行着。我们再次对 7 家经营不同旅游业务的企业进行深入的田野调查，访谈的主要目的有两点：一是再次验证通过第一、二阶段的田野数据收集后我们得出的初始化理论模型和相应假设关系的正确性。为了检验拟研究思路与实践是否相符，本书再次向以前被访谈者征询了关于初始假设的意见。二是征询被访谈者对初始模型中关于各变量测度和表面有效性（Face Validity）方面的具体意见，即对本书初始问卷中的测量题项是否能够充分反映测度指标进行检验，对被访谈者未能准确理解的题项给予明确筛选并加以修正或删除，由此形成本研究问卷的第二稿。

步骤 3：征求专家建议。这一过程的作用主要体现在研究的整体思路和问卷内容设计上，通过听取不同专家的意见和建议，我们加深了对研究主题和变量间互动关系的认识，听取专家对问卷的内容涉及、题项数量、填答难度、问题的可理解性、不同题项间的区分度等情况的意见和建议，由此形成研究问卷的第三稿。与此同时，问卷调查的样本企业对象选择范围拓宽。

（2）问卷设计的可靠性保障。由于调查问卷基本题项采取李克特5级量表进行测度，其答案主要建立在回答者的主观评价之上，问卷测度的客观性和准确性难免会受到影响，数据结果可能会出现偏差。为此，本书参考郑素丽（2008）等学者的相关研究思路，采取以下常见应对方法，尽可能降低测试者因回答偏差而造成的负面影响：第一，为尽量排除题项难以理解或表达含糊不清的情况带来的负面影响，在设计问卷的整个过程中我们一直虚心听取、广泛吸纳旅游业界与学界同行与专家的意见，对问卷的表述与措辞进行反复修改完善，减少负面影响。第二，本问卷题项所涉及的问题均反映企业近2年内的相关情况，以此降低问卷者因可能无法准确想起答案而带来的负面影响。第三，为减少因问卷者的顾虑而不愿意回答问题的负面影响，本问卷在卷首就指明，本问卷纯属用于学术研究，并承诺对答卷者提供的信息给予保密。

除此之外，考虑到其他一些测量方法也极有可能对研究结论造成潜在的共同方法偏差（Common Method Biases）。例如，解释变量和被解释变量的数据从同一受测者（sigal informat）中获取，就极有可能出现预测源和效标变量之间的人为共变（杜建政等，2005）。为消除和减少这些由于测量方法而非所测构念（Contrust）造成变异而带来的影响，参考周浩和龙立荣（2004）等的建议，从程序控制和统计控制两个方面采取了相应的措施。具体程序控制方面的措施有：①减少对测量目的的猜度。在问卷设计中，本研究没有具体明示本研究的内容与逻辑关系，尽可能避免被测试者囿于一个暗示的逻辑框架。②平衡项目的顺序效应。将旅游企业创新绩效的相关题项放置在整个量表测量题项的最后部分，尽可能减弱被测试者对项目反应保持一致性的倾向。在统计控制方面，本书选用 Harman 单因素检验方法。该检验方法的基本假设是，如果存在严重的共同方法偏差，进行因子分析时，将会析出单独一个因子或者出现一个可解释大部分变量方差的公因子（周浩和龙立荣，2004）。就此，对所有测量题项进行了探索性因子分析，未经旋转的因子分析结果显示，存在7个特征值大于1的因子，它们一起解释了全部方差的68.991%，其中第一个因子解释了方差的23.594%。我们认为，不存在较大的共同方差问题引起的测度有效性问题。

### 6.1.2 变量测度及说明

本调查问卷内容包括3个主要部分：①简要说明调查目的。②收集问卷填写者的相关信息，具体包含问卷填写者的任职年限（减少业务不熟悉而可能造成的回答偏差）、企业规模（用企业的员工数量表示）、企业年龄、企业所属行业（能够辅助了解旅游业不同业态的创新活动）等控制变量。③调查问卷的主要内容。这个部分的内容由3个主要变量构成，即旅游企业网络能力（解释变量）、组织学习方式（中介变量）和旅游企业创新绩效（被解释变量）。其中，每一个维度又由若干个问题题项具体构成。

本调查问卷在主要内容部分采用李克特5级量表（5分制）：1分表示强烈不同意，2分表示一般不同意，3分表示不确定，4分表示一般同意，5分表示强烈同意。

由于所要测量的变量基本都为潜变量，为提高测度信度，保障测量题项一致性（Churchill，1979），本书通过设置多个相关题项对每个潜变量进行具体测度。具体情况如下：

（1）被解释变量。旅游企业创新绩效是本研究的解释变量（或称之为因变量）。正如在前文反复强调的，目前国内外关于旅游企业创新绩效的测量指标体系的研究非常匮乏（Coombs 和 Miles，2000；Pikkemaat 和 Peters，2006；Hjalager，2010；Camisón 和 Monfort - Mir，2012）。不过，旅游业作为现代服务的重要分支，我们已经证实，旅游企业创新不仅具有创新的共性，兼具服务创新的特点，还包含旅游企业创新自身的独特性（Camisón 和 Monfort - Mir，2012）。旅游企业创新的结果应该是一个多维度的概念，不仅包括产品创新和过程创新，还包括非技术创新，由于模仿效应、窗口期短，更涉及先动效应。因此，多指标构建、测量旅游企业的创新绩效是必然的理论要求，也是实践的选择（European Commission，2009）。与此同时，在案例研究中，我们看到，需求泛化、知识基础和学习方式、网络和行动者共同作用使得旅游企业表现出独特的“服务创新轨道”，但不管在何种轨道上开展创新活动，研究者目前又普遍认同熊彼特对创新概念广泛和开放的定义，即“开发新产品或改进现有产品”“引进新生产工艺”“开拓新市场”“获得原料新来源”“结构重组”这5种基本形式可以涵盖旅游企业的绝大部分创新活动。因此，顺承这种思路，在产品创新与过程创新以及非技术创新指标体系上借鉴欧盟委员会2008年发布的基于奥斯陆手册（OECD，2005）改良后的欧盟创新指标（2008版）（European Innovation Scoreboard，EIS）中关于服务业创新指数（Service Sector Innovation Index，SSIC）中对于创新产出的9项测量指标。对于旅游企业创新的先动行为，主要借鉴 Lumpkin 和 Dess（2001）、Hughes 等（2007）及李雪灵等（2013）学者的研究成果。在此基础上，本书从案例研究结果出发，从财务收益与先动效应两个维度具体选取指标进行考察（见表 6.1）。

**表 6.1　旅游企业创新绩效的初始测量题项**

| | 测度题项 | 测度的来源和依据 |
|---|---|---|
| 先动效应（2） | 我们常常主动发起竞争行动，竞争对手被迫做出回应；<br>我们强调先于竞争对手引入新产品、新创意和管理技术 | The European Service Sector Innovation Index，2008，Eurostat（European Commission，2009）；Alegre 等（2006）；郑素丽（2008）；lumpkin 和 Dess（2001）；Hughes 等（2007）；李雪灵等（2013）；Camisón 和 Monfort - Mir（2012） |
| 财务收益（3） | 新产品数；<br>产品或服务的附加值率；<br>新产品引入市场的成功率 | |

（2）解释变量。本书以旅游企业网络能力作为被解释变量（或称之为因变量），通过案例研究与文献的不断叠加、反复比对，最终确定由网络愿景能力、网络配置能力、网络运作能力和网络占位能力 4 个维度共同诠释网络能力（见表 6.2）。

**表 6.2　旅游企业网络能力的初始测量题项**

| 变量名称 | 测度题项 | 测度的来源和依据 |
|---|---|---|
| 网络愿景能力（4） | 我们能够塑造外部网络的愿景和目标；<br>我们能够敏锐辨识外部网络中具有潜在价值的新机会；<br>我们清晰地知道我们参与外部网络的目标和行动准则；<br>我们能预测主流趋势，以期发现合作伙伴的未来需求 | Möller 和 Halinen（1999）；方刚（2008）；邢小强和仝允桓（2006） |
| 网络配置能力（4） | 我们利用各种机会，如商会、咨询机构、行业协会和政府组织，或通过参加行业展览会和展销活动来寻找潜在的合作伙伴；<br>我们通过合作和新产品获得更多新的合作伙伴；<br>我们经常从保持联系的合作伙伴那里获得它所属的小群体的各种信息；<br>有突发情况时，我们能打破原来的合作计划并提出新的处理方式 | 任胜钢等（2011）；Burt（1992）；Burt（1992，1998）；王海花和谢富纪（2012）；方刚（2008） |
| 网络运作能力（4） | 我们善于在不同的合作关系活动中合理分配企业的资源；<br>我们投入的时间越多，网络成员提供的机会和利益越多；<br>我们具有很强的发展与合作伙伴之间相互信任、互惠互利的能力；<br>我们经常与合作伙伴探讨合作关系的进一步深化 | Ritter 等（2002）；任胜钢等（2011）；朱秀梅等（2010）；方刚（2008）； |

续表

| 变量名称 | 测度题项 | 测度的来源和依据 |
|---|---|---|
| 网路占位能力（4） | 在合作网络中，我们经常因扮演“中间人”角色而获利；<br>我们总是能够非常快地与所有合作伙伴沟通，并不需要依赖第三方来传递信息；<br>我们经常会成为其他网络成员间的沟通桥梁；<br>我们企业已经在市场上建立了“优先合作伙伴”的声誉 | Powell 等（1996）；Burt（1992，1998）；Moller 和 Halinen（1999）；方刚（2008）；王海花和谢富纪（2012） |

具体而言，在网络愿景能力测度上，方刚（2008）通过 4 个题项（i-tems）度量了网络规划能力，Cronbacha 系数为 0.9611。任胜钢等（2011）设计开发了包括 11 个题项的包含网络感知、网络识别和网络定位 3 个细分维度的量表（Scale Item）。另外，学者们普遍在网络愿景能力这个构念上达成共识，认为该构念属于战略层面的能力。因此，虽然在很多现有文献中会看到对于该构念在具体命名上有所不同，但在具体测量题项上却多重叠，如王海花和谢富纪（2012）就将该维度命名为网络构想能力，从网络愿景和网络规划两个子维度设计开发了 8 个相关题项。综合上述学者的研究成果与探索性案例的研究结果，本书将选用 4 个题项来具体反映网络愿景能力。

在网络配置能力上，需求的泛化导致的旅游跨界合作的频繁，对于旅游企业的信息搜寻渠道存在更高的要求，即一是要有效，尽量避免冗余信息的出现；二是要快速，强调业务变更时重新设定关键联系人。因此，在具体维度上，根据实际情况设计了对网络合作伙伴的重构和解构这两个维度。对于这两个维度的考察，使用了当前基于在 Burt（1992，1998）结构洞理论基础上已开发的非常成熟的量表题项。

在网络运作能力上，对旅游企业而言，具体描述的是对二元关系、多元关系的组织、协作、利用以及网络关系优化这样一系列实质性的组织活动。总体反映旅游企业在组织间关系治理的过程中的效率问题和能否取得信息利益的优势，在该题项上，同样通过 4 个具体题项进行测量。

网络占位能力也是一种操作性网络能力，强调企业通过这种能力将自身放在创新网络中最具价值的位置。对于其维度构成，早期的学者 Möller 和 Halinen（1999）明确提出只拥有一个维度，即占据网络中央、不依赖第三方来传递信息并成为别的企业信息沟通桥梁的才能。不过，后期学者们对此又进行了拓展，认为企业通过运用这种能力不仅可以获得更多信息、了解市场和技术变化（Powell 等，1996），重要的是通过位置优势提高了获得互补性知识和信息的准确性（Bell，2005）。占位能力还可以提高企业声誉（Powell 等，1996），加大合作伙伴间的信任和互惠（Tsai 和 Ghoshal，1998）。综合上述观点以及在案例研究中得到的验证，本书提出 4 个具体题项测量。

（3）中介变量。当一个变量能说明自变量与因变量之间关系时，被认为它在两者间可能起到中介效应。中介效应的研究目的就是在已知某些关系基础上，探索这些关系间的内部作用机制问题。

获得式学习（或称模仿式学习）和实践式学习为本书的中介变量。如前文所述，从国内文献来看，由于大量学者的研究对象集中于制造业和高新技术产业，目前对于学习组织的测度指标集中于将探索性学习和利用式学习作为类别变量，通过这两种学习活动所反映的不同“职能域”或“知识距离域”进行相应的量表设计与开发。本书研究对象为旅游企业，旅游企业特殊的生产组织方式、资源条件决定了旅游企业在学习方式上，与制造业和高新技术产业及其他服务业，如知识密集型服务业中的银行，或传统服务业中的美发等行业截然不同，探索性案例则更肯定了我们对其独特学习方式的科学判断。

在模仿式学习的测量上，本书借鉴了 Zhao 等（2009）、Li 等（2010）和李雪灵等（2013）学者的研究成果，并在此基础上根据旅游企业产品和服务的特性做了微调。

关于实践式学习的测量，中国学者 Li 等（2010）和 Zhao 等（2009）都从知识资源的开发、内部沟通和变干边学的经验积累 3 个子维度进行了量表开发。其中，Li 等（2010）分别用 4 个题项、4 个题项和 3 个题项对应反映知识资源的开发、内部沟通和变干边学的经验积累。Zhao 等（2009）则分别用 3 个题项、4 个题项和 3 个题项同样使用李克特 7 级量表反映了 3 个维度。结合企业实地调研和探索性案例的研究结果与上述研究成果，本书选取了 4 个题项共同测度实践式学习，具体的测量题项见表 6.3。

**表 6.3　　旅游企业组织学习的初始测量题项**

| 变量名称 | 测度题项 | 测度的来源和依据 |
| --- | --- | --- |
| 获得式学习（4） | 我们从外部网络中获得市场开发技能；<br>我们从外部网络中获得提高产品和服务生产效率方面的技能；<br>我们从外部网络中尤其是合作伙伴处获得新产品和新服务概念；<br>我们从外部网络中获得重要的市场发展趋势和消费者偏好信息 | Li 等（2010）；Zhao 等（2009）；李雪灵等（2013） |

续表

| 变量名称 | 测度题项 | 测度的来源和依据 |
|---|---|---|
| 实践式式学习（4） | 我们重视对新产品或创意的投入和开发<br>工作中员工们经常会根据自我经验来做决定<br>我们鼓励员工在工作过程中采用新方法<br>我们内部的不同部门会经常沟通消费者对产品和服务的接纳问题 | March（1991）；Li等（2010）；Zhao等（2009）；李雪灵等（2013） |

### 6.1.3 数据收集和整理

（1）数据收集。我们采用4种方式发放问卷：第一种方式是作者在由山西旅游局主办的2015年山西旅游年会上现场发放。参加年会的人员都在旅游企业从事高层管理工作，通过这种方式共发放问卷300份，回收270份。在问卷填写过程中，我们及时对出现的问题进行现场解释与回复，因此最终回收有效问卷223份。第二种方式是作者利用课题调研机会到旅游企业现场发放问卷，共发放问卷200份，回收130份，经仔细核对，最终获得有效问卷72份。第三种方式是委托山西省旅游局，太原市、晋中市旅游局，山西省旅游联盟委员会和山东省、陕西省委托业内相关人士代为发放问卷，通过该渠道共发放问卷400份，回收183份，其中有效问卷100份。问卷发放和回收的具体情况见表6.4。

表6.4 问卷发放与回收情况

| 问卷发放与回收方式 | 发放数量（份） | 回收数量（份） | 回收率（%） | 有效数量（份） | 有效率（%） |
|---|---|---|---|---|---|
| 会议发放 | 300 | 270 | 90 | 223 | 83 |
| 旅游企业现场发放 | 200 | 130 | 75 | 72 | 55 |
| 政府、公共机构代为发放 | 400 | 183 | 46 | 100 | 55 |
| 合计 | 900 | 583 | 65 | 395 | 68 |

注：回收率=回收数量/发放数量；有效率=有效数量/回收数量。

（2）数据整理。表6.5为样本回收的基本资料，从回收的样本来看，企业的规模主要集中在10人以下和10—50人，两种情况共占全部样本的75.8%。从企业所在行业来看，以旅行社、景区、酒店分布较为平均，在线旅游企业相对较少。从企业年龄来看，不同年龄的企业样本均有所涵盖。

表 6.5　样本基本特征的分布情况统计

| 企业属性 | 企业特征类别 | 样本数（个） | 百分比（%） | 累计百分比（%） |
|---|---|---|---|---|
| 企业规模 | 10 人以下 | 152 | 38.4 | 38.4 |
| | 10—50 人 | 148 | 37.5 | 75.8 |
| | 50—200 人 | 60 | 15.2 | 91.1 |
| | 200 人以上 | 35 | 8.9 | 100 |
| 企业年龄 | 3 年以下 | 118 | 29.9 | 29.9 |
| | 3—5 年 | 129 | 32.7 | 62.6 |
| | 5—10 年 | 96 | 24.3 | 86.8 |
| | 10 年以上 | 52 | 13.1 | 100 |
| 企业所属行业 | 旅游景区 | 113 | 28.7 | 28.7 |
| | 旅行社 | 161 | 40.8 | 69.5 |
| | 酒店/餐饮 | 87 | 22.0 | 91.5 |
| | 在线旅游 | 34 | 8.5 | 100 |

### 6.1.4　数据分析方法

对于回收的问卷数据，本书主要在描述性统计、信度与效度检验、结构方程模型方面开展了相对应的统计分析工作。具体使用的统计分析软件为内嵌 AMOS 的 SPSS 22.0 for Windows 版。其中，SPSS 主要用来对有效问卷数据进行描述性统计，对问卷题项进行信度及效度分析；验证性因子分析和对理论化模型提出的相应假设进行检验的统计工作则借助于 AMOS 完成。上述基本量化研究手段旨在实现本研究的检验目的，即构建经得起检验、有意义而且有效的理论。具体方法简介如下：

（1）描述性统计。描述性统计主要是通过对相关数据进行频数、离散程度等分析发现样本数据的内在联系，再选择与之对应的分析方法。本研究主要对企业规模、所属行业和企业年龄进行了描述性统计分析，目的是描述有效样本的具体类别、属性以及在各统计值上的分配比例情况。

（2）信度和效度检验。信度（Reliability）主要用来衡量观测数值的一致性和稳定性（吴明隆，2010）。稳定性（Stability），等值性（Equivalence）以及内部一致性（Internal Consistency）是使用频率极高的信度指标（李怀祖，2004）。按照统计分析的相关原理，信度高就意味着该观测数据排除随机误差的能力强。针对内部一致性进行的检验，本书具体使用了 Cronbach's α 值来进行衡量。其中，已有经验认为，Cronbach's α 值越大越好，当 Cronbach's α > 0.7，说明该问卷各变量的题项之间具有较好的内部一致性。

测量手段对调研对象属性的差异进行测量时的准确程度就涉及效度（Validity）问题，它强调测量手段真实、客观以及能否准确有效反映调研对象属性的差异性（吴明隆，2010），效度高则意味着该观测数据排除系统误差的能力强。内容效度（Content Validity）、结构效度（Construct Validity）和准则相关效度（Criteria-related Validity）是常见的三大内容，本书主要进行内容效度和结构效度分析。其中，内容效度的分析目的是帮助检测衡量内容的适切性。对本研究而言，由于是在探索性案例构建理论的基础上对相关构念进行识别与描述，案例研究方法在内容效度上发挥了较理论演绎更好的优势，尽可能确保了变量测量的内容效度。结构效度的分析主要用来测量理论的构念和特征，最常见的检测结构效度的方法就是因子分析。基于上述判断，本书将会具体展开对网络能力、组织学习和旅游企业创新绩效变量的探索性因子分析，以检测本研究变量度量的内部结构效度。

（3）因子分析。探索性因子分析（Exploratory Factor Analysis，EFA）和验证性因子分析（Confirmatory Factor Analysis，CFA）是因子分析的两种基本形式。量表及模型的结构效度都可以用这两种方法进行检验，而这两种方法存在的不同主要体现在测量理论架构在分析过程中所扮演的角色与检验时机。就 EFA 而言，在运用该分析方法时，量表的各因素与题项都有可能发生变动，多数探索性因素分析必须经过多次“探索”和“试探”程序，才能发掘较佳的因素结构。因此，可以说理论架构的出现在 EFA 程序中是一个事后概念，EFA 所要达成的是建立量表或问卷的建构效度，它偏向于理论的产出，而非理论架构的检验。利用 CFA 分析方法时，量表的各因素与其题项均已固定，研究者要借用 CFA 数学程序来确认导出的量表的因素结构模型与实际搜索的数据是否恰当、合理。相应地，已有研究共识认为理论架构对 CFA 来讲是在分析前就已经形成的（吴明隆，2013）。

（4）结构方程模型。结构方程模型（Structure Equation Modeling，SEM）主要是对多种统计方法如路径分析、验证性因子分析、多元回归分析及方差分析等进行的更为综合的运用与提高。其优点就在于：第一，它可以同时考虑并处理多个因变量，也分析多个自变量与因变量之间的复杂关系，特别是应用于中介效用的研究；第二，它能兼顾对因变量误差和自变量误差的考虑，有助于为研究提供更为精确的解答；第三，它允许的测量模型弹性更大；第四，对于相同的样本数据，它能够计算出不同模型的整体拟合程度，为研究者判断更接近实际数据的合适模型提供了极大便利。本书运用该方法检验变量间的作用路径，确认网络能力对创新绩效的不同作用机制，并会应用 $x^2$ 或 $\frac{x^2}{df}$、RMSEA、GFI、CFI 及 NFI 这 5 类包含绝对与相对拟合指标作为评价结构模型的拟合指数。具体指标判断见表 6.6。同时，在具体判断分析变量间的关系时，本书将采用常用检查变量间的路径系数进行检验，即利用与路径系数相对应的临界比（Critical Ratio，C. R.）数值。已有研究经验认为，当路径≥1.96 时，可以说明该路径系数在 $p=0.05$ 的水平上具有统计上的显著性（见表 6.6）。

表 6.6　拟合指数判断标准汇总表

| 指标名称 | 判断标准 |
| --- | --- |
| $x^2$ 或 $\frac{x^2}{df}$ | $x^2$ 越小，拟合效果越好，要求不显著（对应 $p>0.05$）；如果不满足，则选用绝对拟合指数 $\frac{x^2}{df}$，$3<\frac{x^2}{df}<5$ 认为模型可以接受，$\frac{x^2}{df}<3$ 则被认为模型拟合情况较好 |
| RMSEA | 近似误差均方根，RMSEA 越接近于 0，表明模型拟合越好。0.08 < RMSEA < 0.10，表示模型尚可，具有普通适配度；若 0.05 < RMSEA < 0.08，表示模型良好，有合理适配度；若 RMSEA < 0.05，表示模型适配度非常好 |
| GFI | 拟合优度指数，作为拟合评价的绝对指标，其值处于 0 与 1 之间，值越大越好；若 GFI > 0.90，表示模型路径图与实际数据有良好的适配度。该指标相当于复回归系数中的决定系数（$R^2$），$R^2$ 越大，表示可解释变异量越大 |
| CFI | 比较拟合指数，作为拟合评价的相对指标，其值处于 0 与 1 之间。CFI 越接近于 1，表明模型的适配度越好；若 CFI > 0.90，表示模型路径图与实际数据有良好的适配度 |
| NFI | 标准拟合指数，作为拟合评价的相对指标，其值位于 0 与 1 之间。NFI 越接近于 1，表明模型的适配度越好；若 NFI > 0.90，表示模型路径图与实际数据有良好的适配度 |

## 6.2　探索性因子分析

### 6.2.1　网络能力

按照基本的量化研究步骤，首先需要利用探索性因子分析方法产生关于变量内部结构（structure）的理论，再在此基础上做验证性因子分析，这就意味着需要采用不同的样本集进行分析。考虑到问卷填写并没有严格的先后顺序，遵照常规的经验，即先随机用部分数据做探索性因子分析，然后把剩下的调查数据做验证性因子分析。对于进行探索性因子分析所需的最低样本容量，目前学术界并未形成统一共识，参考彭新敏（2009）等的研究建议，即认为“探索性因子的样本量为变量数的5—10倍，或者样本量达到变量中题项数的5—10倍即可”。对应本书需要处理的最多变量数为4，而变量的最多题项数为5，这就意味着50份左右的样本就可以达到基本要求。在已有395份有效问卷中随机抽取了60份问卷用于做探索性因子分析。

对网络能力的4个构成维度——网络愿景、网络配置、网络运作、网络占位进行因子提取之前，首先需要对样本进行充分性检验，即KMO（Kaiser-Meyer-Olkin）和Bartlett球体检验，判断是否可以进行因子分析。根据分析步骤，网络能力的KMO的检验结果为0.799，大于0.70，且Bartlett显著性概率为0.000，才适合对其做进一步的因子分析。

在此基础上，针对随机抽取的60份样本，对企业网络能力的16个相关题项进行探索性因子分析。根据特征根大于1和最大因子载荷大于0.5的提取因子的基本要求，在第一次进行因子分析时，共提取4个因子，累积方差为63.761%。根据因子载荷的分布来判断，网络愿景能力、网络配置能力、网络运作能力和网络占位能力的相关题项均按预期归入同一因子之中，具体如表6.7所示。

**表6.7 网络能力探索性因子分析结果（N=60）**

| 变量名称 | 题项 | 描述性统计分析 | | 因子载荷 | | | |
|---|---|---|---|---|---|---|---|
| | | 均值 | 标准差 | 运作能力 | 配置能力 | 占位能力 | 愿景能力 |
| 运作能力 | CX01 我们善于在不同的合作关系活动中合理分配企业资源 | 3.013 | 1.142 | 0.881 | 0.109 | 0.286 | 0.193 |
| | CX02 我们投入的时间越多，网络成员提供的机会和利益越多 | 3.856 | 1.206 | 0.880 | 0.103 | 0.056 | 0.071 |
| | CX03 我们具有很强的发展与合作伙伴之间相互信任、互惠互利的能力 | 3.836 | 0.941 | 0.848 | 0.077 | 0.182 | 0.216 |
| | CX04 我们经常与合作伙伴讨论合作关系的进展 | 3.306 | 1.043 | 0.733 | 0.158 | 0.009 | 0.007 |

续表

| 变量名称 | 题项 | 描述性统计分析 | | 因子载荷 | | | |
|---|---|---|---|---|---|---|---|
| | | 均值 | 标准差 | 运作能力 | 配置能力 | 占位能力 | 愿景能力 |
| 配置能力 | BX01 我们利用各种机会，如商会、咨询机构、行业协会和政府组织，或通过参加行业展览会和展销活动来寻找潜在的合作伙伴 | 3. 884 | 0. 928 | 0. 128 | 0. 930 | 0. 148 | 0. 138 |
| | BX02 我们通过合作和新产品获得更多新的合作伙伴 | 3. 833 | 0. 845 | 0. 159 | 0. 903 | 0. 064 | 0. 083 |
| | BX03 我们经常从保持联系的合作伙伴那里获得它所属的小群体的各种信息 | 3. 875 | 1. 054 | 0. 143 | 0. 888 | 0. 161 | 0. 139 |
| | BX04 有突发情况时，我们能打破原来的合作计划并提出新的处理方式 | 3. 881 | 0. 929 | -0. 001 | 0. 739 | 0. 084 | -0. 028 |
| 占位能力 | DX01 在合作网络中，我们经常扮演“中间人”角色而获利 | 3. 602 | 0. 927 | 0. 223 | 0. 025 | 0. 901 | 0. 172 |
| | DX02 我们总是能够非常快地与所有合作伙伴沟通而不用依赖第三方来传递信息 | 3. 631 | 1. 076 | 0. 194 | 0. 045 | 0. 836 | 0. 205 |
| | DX03 我们经常能成为其他合作伙伴间的沟通桥梁 | 3. 538 | 1. 070 | 0. 075 | 0. 030 | 0. 786 | 0. 153 |
| | DX04 公司在市场上建立了“优先合作伙伴”的声誉 | 3. 427 | 1. 140 | 0. 297 | 0. 258 | 0. 714 | -0. 012 |
| 愿景能力 | AX01 我们能够塑造外部网络的愿景和目标 | 3. 026 | 0. 944 | 0. 216 | 0. 119 | 0. 170 | 0. 803 |
| | AX02 我们能够敏锐地辨识外部网络中的潜在价值和机会 | 3. 005 | 1. 030 | 0. 031 | 0. 108 | 0. 085 | 0. 799 |
| | AX03 我们清晰地知道我们参与外部网络的目标和行动准则 | 3. 049 | 0. 950 | 0. 092 | 0. 019 | 0. 171 | 0. 687 |
| | AX04 我们能预测主流趋势，以期发现合作伙伴的未来需求 | 3. 210 | 0. 926 | 0. 324 | 0. 226 | 0. 055 | 0. 666 |

注：提取方法：主成分分析法。旋转法：具有 Kaiser 标准化的正交旋转法。a. 旋转在 5 次迭代后收敛。

在上述步骤完成以后，继续对企业网络能力的各因子进行信度分析，分析结果如表6.8所示。题项—总体相关系数（Corrected Item - Total，CIT）均大于0.35，并且4个具体变量的Cronbach's α 系数均大于0.7，企业网络能力4个变量题项之间具有较好的内部一致性。综上所述，本书确立的企业网络能力量表具有较好效度和信度。

**表6.8 网络能力变量的信度检验（N=60）**

| 变量名称 | 题项 | 题项—总体相关系数 | 复相关系数 | 删除此题相后 α 系数 | Cronbach's α 系数 |
|---|---|---|---|---|---|
| 运作能力 | CX01 我们善于在不同的合作关系活动中合理分配企业的资源 | 0.354 | 0.196 | 0.715 | 0.735 |
| | CX02 我们投入的时间越多，网络成员提供的机会和利益越多 | 0.500 | 0.386 | 0.696 | |
| | CX03 我们具有很强的发展与合作伙伴之间相互信任、互惠互利的能力 | 0.679 | 0.481 | 0.602 | |
| | CX04 我们经常与合作伙伴讨论合作关系的进展 | 0.628 | 0.403 | 0.618 | |
| 配置能力 | BX01 我们利用各种机会，如商会、咨询机构、行业协会和政府组织，或通过参加行业展览会和展销活动来寻找潜在的合作伙伴 | 0.540 | 0.335 | 0.715 | 0.761 |
| | BX02 我们通过合作和新产品获得更多新的合作伙伴 | 0.659 | 0.446 | 0.659 | |
| | BX03 我们经常从保持联系的合作伙伴那里获得它所属的小群体的各种信息 | 0.538 | 0.292 | 0.722 | |
| | BX04 有突发情况时，我们能打破原来的合作计划并提出新的处理方式 | 0.522 | 0.295 | 0.725 | |
| 占位能力 | DX01 在合作网络中，我们经常扮演“中间人”角色而获利 | 0.462 | 0.221 | 0.794 | 0. 806 |
| | DX02 我们总是能够非常快地与所有合作伙伴沟通，并不需要依赖第三方来传递信息 | 0.673 | 0.470 | 0.708 | |
| | DX03 我们经常能成为其他合作伙伴间的沟通桥梁 | 0.591 | 0.373 | 0.750 | |
| | DX04 公司在市场上建立了“优先合作伙伴”的声誉 | 0.703 | 0.508 | 0.690 | |

续表

| 变量名称 | 题项 | 题项—总体相关系数 | 复相关系数 | 删除此题相后 α 系数 | Cronbach's α 系数 |
|---|---|---|---|---|---|
| 愿景能力 | AX01 我们能够塑造外部网络的愿景和目标 | 0.528 | 0.298 | 0.678 | 0.737 |
| | AX02 我们能够敏锐地辨识外部网络中的潜在价值和机会 | 0.551 | 0.325 | 0.664 | |
| | AX03 我们清晰地知道我们参与外部网络的目标和行动准则 | 0.477 | 0.251 | 0.705 | |
| | AX04 我们能预测主流趋势，以期发现合作伙伴的未来需求 | 0.560 | 0.322 | 0.660 | |

## 6.2.2 组织学习

对组织学习进行充分性检验结果显示，KMO 样本测度和 Bartlett 球体检验结果均符合 KMO 值大于 0.7、Bartlett 统计值显著异于 0 的基本要求，因此适合对其进一步进行因子分析。针对这 60 份样本，对所构建的 8 项组织学习相关题项进行了探索性因子分析。从因子载荷的分布情况来看，获得式学习和实践式学习两个变量共 8 个题项均按预期归入同一因子，这两个因子的累积解释变差为 63.587%，具体如表 6.9 所示。

**表 6.9 组织学习探索性因子分析结果（N=60）**

| 变量名称 | 题项 | 描述性统计分析 | | 因子载荷 | |
|---|---|---|---|---|---|
| | | 均值 | 标准差 | 实践式学习 | 获得式学习 |
| 实践式学习 | FX01 我们内部不同部门会经常沟通消费者对产品和服务的接纳问题 | 3.034 | 0.923 | 0.890 | -0.042 |
| | FX02 我们鼓励员工在工作过程中采用新方法 | 3.135 | 0.917 | 0.837 | 0.112 |
| | FX03 工作中员工们经常会根据自我经验来做决定 | 3.154 | 0.961 | 0.829 | 0.133 |
| | FX04 我们重视对新产品或创意的投入和开发 | 3.109 | 1.101 | 0.789 | 0.099 |

续表

| 变量名称 | 题项 | 描述性统计分析 | | 因子载荷 | |
|---|---|---|---|---|---|
| | | 均值 | 标准差 | 实践式学习 | 获得式学习 |
| 获得式学习 | EX01 我们从外部网络中获得市场开发技能 | 3.227 | 1.158 | 0.166 | 0.785 |
| | EX02 我们从外部网络中获得提高产品和服生产效率方面的技能 | 3.126 | 0.970 | -0.018 | 0.775 |
| | EX03 我们从外部网络中尤其是合作伙伴处获得新产品和新服务概念 | 3.187 | 1.344 | 0.299 | 0.702 |
| | EX04 我们从外部网络中获得重要的市场发展趋势和消费者偏好信息 | 3.533 | 1.043 | -0.060 | 0.642 |

注：提取方法：主成分分析法。旋转法：具有 Kaiser 标准化的正交旋转法。a. 旋转在 3 次迭代后收敛。

接下来，继续对组织学习的各因子进行信度分析，分析结果如表 6.10 所示：所有题项—总体相关系数均大于 0.35，各变量的 Cronbach's α 系数均大于 0.7，组织学习各变量题项间具有较好的内部一致性。综上所述，本书确立的组织学习量表具有较好效度与信度。

**表 6.10　　组织学习变量的信度检验（N=60）**

| 变量名称 | 题项 | 题项—总体相关系数 | 平方复相关系数 | 删除此题相后 α 系数 | Cronbach's α 系数 |
|---|---|---|---|---|---|
| 实践式学习 | FX01 我们内部不同部门会经常沟通消费者对产品和服务的接纳问题 | 0.684 | 0.504 | 0.833 | 0.861 |
| | FX02 我们鼓励员工在工作过程中采用新方法 | 0.701 | 0.553 | 0.827 | |
| | FX03 工作中员工们经常会根据自我经验来做决定 | 0.759 | 0.618 | 0.802 | |
| | FX04 我们重视对新产品或创意的投入和开发 | 0.702 | 0.558 | 0.830 | |

续表

| 变量名称 | 题项 | 题项—总体相关系数 | 平方复相关系数 | 删除此题相后 α 系数 | Cronbach's α 系数 |
|---|---|---|---|---|---|
| 获得式学习 | EX01 我们从外部网络中获得市场开发技能 | 0. 592 | 0. 360 | 0. 586 | 0. 713 |
| | EX02 我们从外部网络中获得提高产品和服生产效率方面的技能 | 0. 532 | 0. 322 | 0. 634 | |
| | EX03 我们从外部网络中尤其是合作伙伴处获得新产品和新服务概念 | 0. 514 | 0. 313 | 0. 644 | |
| | EX04 我们从外部网络中获得重要的市场发展趋势和消费者偏好信息 | 0. 377 | 0. 195 | 0. 710 | |

### 6. 2. 3　创新绩效

对创新绩效进行充分性检验，其 KMO 样本测度为 0. 702，符合 KMO 值大于 0. 7、Bartlett 统计值显著异于 0 的统计要求，故适合对其做进一步的因子分析。针对这 60 份样本关于创新绩效所构建的 5 项相关题项，进行探索性因子分析，共提取出两个因子。根据因子载荷的分布来判断，其中“新产品引入市场的成功率”单独形成一个因子，且载荷小于 0. 05，所以予以剔除。在剔除上述题项后，又进行了第二次因子分析，这一次提取了 1 个因子，累积解释方差为 70. 106%。根据因子载荷的分布来判断，创新绩效要反映的两个方面——财务收益和先动效应的相关题项均根据预期归入了同一因子，具体如表 6. 11 所示。

**表 6. 11　创新绩效探索性因子分析结果（N = 60）**

| 变量名称 | 题项 | 描述性统计 | | 因子载荷 |
|---|---|---|---|---|
| | | 均值 | 标准差 | 创新绩效 |
| 创新绩效 | GX01 产品或服务的附加值率 | 3. 321 | 1. 049 | 0. 643 |
| | GX02 新产品数 | 3. 379 | 0. 922 | 0. 940 |
| | GX03 我们强调先于竞争对手引入新产品、新创意和管理技术 | 3. 136 | 0. 971 | 0. 911 |
| | GX04 我们常常主动发起竞争行动，竞争对手被迫做出回应 | 3. 184 | 1. 084 | 0. 823 |

注：提取方法：主成分分析法，不旋转。

接着，本书对旅游企业创新绩效各因子进行信度分析，如表6.12所示的结果，所有题项—总体相关系数均大于0.35，同时各变量的Cronbach's α系数均大于0.7，创新绩效的题项间具有较好的内部一致性。综上所述，我们认为，本研究确立的创新绩效量表具有较好效度与信度。

**表6.12 创新绩效变量的信度检验（N=60）**

| 变量名称 | 题项 | 题项—总体相关系数 | 平方复相关系数 | 删除此题相后α系数 | Cronbach's α系数 |
|---|---|---|---|---|---|
| 创新绩效 | GX01 产品或服务的附加值率 | 0.455 | 0.460 | 0.843 | 0.896 |
| | GX02 新产品数 | 0.874 | 0.774 | 0.721 | |
| | GX03 我们强调先于竞争对手引入新产品、新创意和管理技术 | 0.799 | 0.728 | 0.749 | |
| | GX04 我们常常主动发起竞争行动，竞争对手被迫做出回应 | 0.639 | 0.622 | 0.820 | |

## 6.3 验证性因子分析

在探索性因子分析之后，本节对所有变量进一步做验证性因子分析，用以确保所测变量的结构与先前构思符合。采用的样本为395份有效问卷中去除探索性因子分析使用的60份所剩下的335份样本问卷。

### 6.3.1 网络能力

首先，对企业网络能力中网络愿景能力、网络配置能力、网络运作能力和网络占位能力4个变量进行信度分析。各变量指标结果如表6.13所示，均满足常用信度指标要求，并通过了相应的信度检验，变量测度的一致性良好。

其次，对旅游企业网络能力展开验证性因子分析。关于网络能力测量模型的拟合结果（见表6.14）表明，$\frac{x^2}{df}$值为3.1，RMSEA的值为0.090；绝对指标GFI的值为0.871，AGFI的值为0.821，相对指标CFI的值为0.896，NFI的值为0.855，这几项项指标均显示模型路径图与实际数据基本达到适

表 6.13　　网络能力变量的信度检验（N = 335）

| 变量名称 | 题项 | 均值 | 标准差 | 题项—总体相关系数 | Cronbach's α 系数 |
|---|---|---|---|---|---|
| 运作能力 | CX01 我们善于在不同的合作关系活动中合理分配企业的资源 | 3.123 | 1.059 | 0.541 | 0.809 |
| | CX02 我们投入的时间越多，网络成员提供的机会和利益越多 | 3.822 | 1.200 | 0.634 | |
| | CX03 我们具有很强的发展与合作伙伴之间相互信任、互惠互利的能力 | 3.852 | 1.070 | 0.698 | |
| | CX04 我们经常与合作伙伴讨论合作关系的进展 | 3.931 | 1.081 | 0.640 | |
| 配置能力 | BX01 我们利用各种机会，如商会、咨询机构、行业协会和政府组织，或通过参加行业展览会和展销活动来寻找潜在的合作伙伴 | 3.812 | 0.998 | 0.689 | 0.820 |
| | BX02 我们通过合作和新产品获得更多新的合作伙伴 | 3.854 | 0.955 | 0.665 | |
| | BX03 我们经常从保持联系的合作伙伴那里获得它所属的小群体的各种信息 | 3.827 | 1.055 | 0.627 | |
| | BX04 有突发情况时，我们能打破原来的合作计划并提出新的处理方式 | 3.899 | 0.982 | 0.594 | |
| 占位能力 | DX01 在合作网络中，我们经常扮演“中间人”角色而获利 | 3.590 | 1.123 | 0.431 | 0.774 |
| | DX02 我们总是能够非常快地与所有合作伙伴沟通，不需要依赖第三方传递信息 | 3.627 | 1.043 | 0.619 | |
| | DX03 我们经常能成为其他合作伙伴间的沟通桥梁 | 3.400 | 1.058 | 0.581 | |
| | DX04 公司在市场上建立了“优先合作伙伴”的声誉 | 3.685 | 1.133 | 0.691 | |
| 愿景能力 | AX01 我们能够塑造外部网络的愿景和目标 | 3.241 | 1.023 | 0.714 | 0.840 |
| | AX02 我们能够敏锐地辨识外部网络中的潜在价值和机会 | 3.334 | 1.074 | 0.687 | |
| | AX03 我们清晰地知道我们参与外部网络的目标和行动准则 | 3.351 | 0.960 | 0.620 | |
| | AX04 我们能预测主流趋势，以期发现合作伙伴的未来需求 | 3.363 | 1.014 | 0.676 | |

配。另外，各路径系数均在 $p<0.001$，具有统计显著性。如图 6.1 所示，所有因子结构都通过了验证，证明本书对旅游企业网络能力具体划分的 4 个变量与测度是有效的（见表 6.14）。

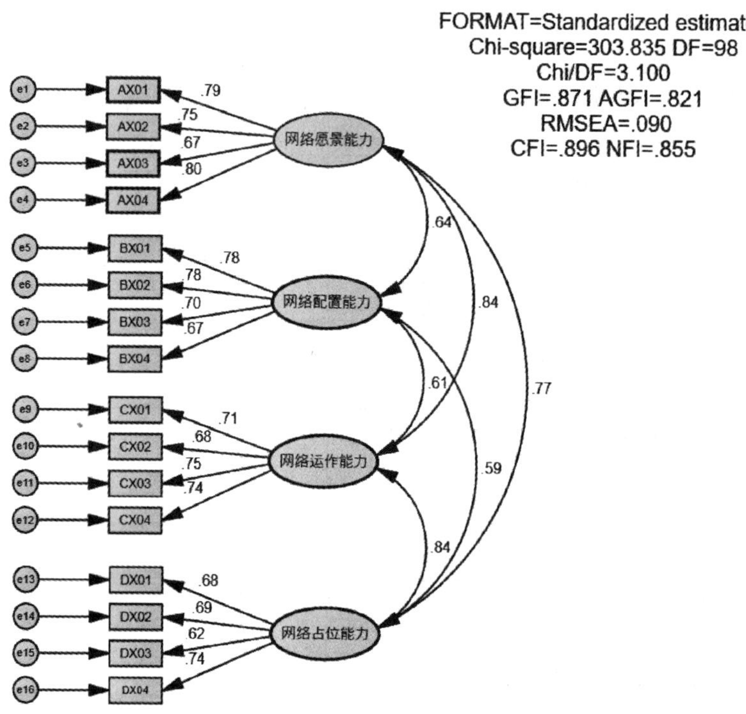


图 6.1 网络能力的变量测量模型

表 6.14 网络能力变量测量模型拟合结果（N=335）

| 路径 | | | Standardized Estimate | S. E. | C. R. | P |
|---|---|---|---|---|---|---|
| AX01 | <--- | 网络愿景能力 | 0.791 | | | |
| AX02 | <--- | 网络愿景能力 | 0.749 | 0.079 | 12.607 | *** |
| AX03 | <--- | 网络愿景能力 | 0.668 | 0.073 | 10.814 | *** |
| AX04 | <--- | 网络愿景能力 | 0.801 | 0.077 | 13.089 | *** |
| BX01 | <--- | 网络配置能力 | 0.783 | | | |
| BX02 | <--- | 网络配置能力 | 0.778 | 0.077 | 12.366 | *** |
| BX03 | <--- | 网络配置能力 | 0.701 | 0.089 | 10.643 | *** |
| BX04 | <--- | 网络配置能力 | 0.668 | 0.083 | 10.081 | *** |
| CX01 | <--- | 网络运作能力 | 0.714 | | | |

续表

| 路径 | | | Standardized Estimate | S. E. | C. R. | P |
|---|---|---|---|---|---|---|
| CX02 | < - - - | 网络运作能力 | 0. 678 | 0. 114 | 9. 424 | *** |
| CX03 | < - - - | 网络运作能力 | 0. 746 | 0. 103 | 10. 265 | *** |
| CX04 | < - - - | 网络运作能力 | 0. 736 | 0. 102 | 10. 308 | *** |
| DX01 | < - - - | 网络占位能力 | 0. 678 | | | |
| DX02 | < - - - | 网络占位能力 | 0. 695 | 0. 130 | 7. 293 | *** |
| DX03 | < - - - | 网络占位能力 | 0. 622 | 0. 133 | 6. 512 | *** |
| DX04 | < - - - | 网络占位能力 | 0. 737 | 0. 146 | 7. 511 | *** |
| 网络愿景能力 | < - - > | 网络配置能力 | 0. 640 | 0. 059 | 6. 862 | *** |
| 网络运作能力 | < - - > | 网络占位能力 | 0. 845 | 0. 089 | 5. 454 | *** |
| 网络愿景能力 | < - - > | 网络运作能力 | 0. 837 | 0. 069 | 7. 394 | *** |
| 网络愿景能力 | < - - > | 网络占位能力 | 0. 770 | 0. 081 | 5. 875 | *** |
| 网络配置能力 | < - - > | 网络运作能力 | 0. 606 | 0. 058 | 6. 199 | *** |
| 网络配置能力 | < - - > | 网络占位能力 | 0. 593 | 0. 065 | 5. 389 | *** |

注：* 表示 P < 0. 05，** 表示 P < 0. 01，*** 表示 P < 0. 001。

## 6. 3. 2　组织学习

首先，对实践式学习和获得式学习两个变量进行信度分析。如表 6. 15 所示，各变量指标的结果均满足本书信度指标要求并通过了相应的信度检验，说明实践式学习和获得式变量测度的一致性良好。

**表 6. 15　　组织学习变量的信度检验（N = 335）**

| 变量名称 | 题项 | 均值 | 标准差 | 题项—总相关系数 | Cronbach's α 系数 |
|---|---|---|---|---|---|
| 实践式学习 | FX01 我们内部不同部门会经常沟通消费者对产品和服务的接纳问题 | 3. 082 | 1. 145 | 0. 773 | 0. 093 |
| | FX02 我们鼓励员工在工作过程中采用新方法 | 3. 164 | 1. 125 | 0. 827 | |
| | FX03 工作中员工们经常会根据自我经验来做决定 | 3. 119 | 1. 163 | 0. 787 | |
| | FX04 我们重视对新产品或创意的投入和开发 | 3. 111 | 1. 204 | 0. 747 | |

续表

| 变量名称 | 题项 | 均值 | 标准差 | 题项—总相关系数 | Cronbach's α 系数 |
|---|---|---|---|---|---|
| 获得式学习 | EX01 我们从外部网络中获得市场开发技能 | 3.252 | 1.211 | 0.574 | 0.778 |
| | EX02 我们从外部网络中获得提高产品和服生产效率方面的技能 | 3.119 | 1.208 | 0.587 | |
| | EX03 我们从外部网络中尤其是合作伙伴处获得新产品和新服务概念 | 3.191 | 1.284 | 0.631 | |
| | EX04 我们从外部网络中获得重要的市场发展趋势和消费者偏好信息 | 3.550 | 1.205 | 0.535 | |

其次，我们对旅游企业的组织学习进行了验证性因子分析。测量模型的拟合结果（见表 6.16）表明，$\frac{x^2}{df}$值为 3.562，RMSEA 值为 0.099，绝对指标 GFI 的值为 0.938，AGFI 的值为 0.882，数值都接近于 1，相对指标 CFI、NFI 分别为 0.952、0.936，提供的绝对拟合指标和相对指标都显示模型与实际数据具有相对较好的适配度，并且各路径系数值均在 $p<0.001$ 范围内，具有统计显著性。由此可见，组织学习测量模型的拟合效果较好，图 6.2 所示因子结构都通过了相应验证，再次证明对于获得式学习和实践式学习的划分是有效的。

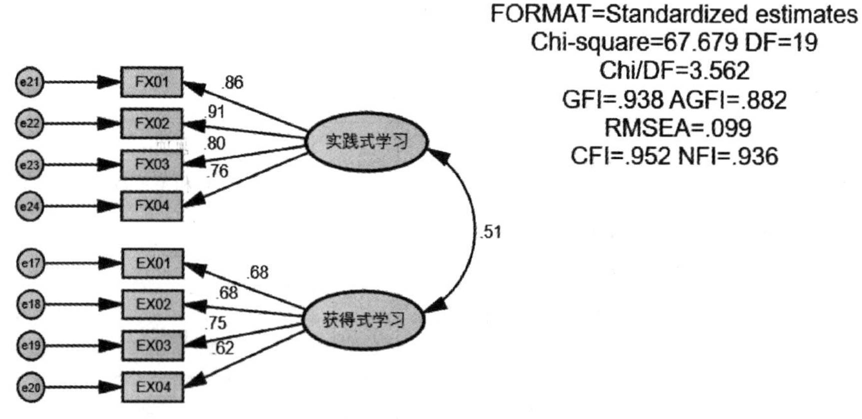


图 6.2 组织学习的变量测量模型

表 6.16　　组织学习变量测量模型拟合结果（N =335）

| 路径 | | | Standardized Estimate | S. E. | C. R. | P |
|---|---|---|---|---|---|---|
| FX02 | < - - - | 实践式学习 | 0. 913 | 0. 052 | 20. 137 | *** |
| FX03 | < - - - | 实践式学习 | 0. 805 | 0. 062 | 15. 198 | *** |
| EX01 | < - - - | 获得式学习 | 0. 684 | 0. 139 | 8. 025 | *** |
| EX02 | < - - - | 获得式学习 | 0. 684 | 0. 138 | 8. 059 | *** |
| EX04 | < - - - | 获得式学习 | 0. 617 | | | |
| EX03 | < - - - | 获得式学习 | 0. 748 | 0. 147 | 8. 772 | *** |
| FX01 | < - - - | 实践式学习 | 0. 861 | | | |
| FX04 | < - - - | 实践式学习 | 0. 762 | 0. 067 | 13. 982 | *** |
| 实践式学习 | < - - - > | 获得式学习 | 0. 507 | 0. 067 | 5. 520 | *** |

注：* 表示 P <0. 05，** 表示 P <0. 01，*** 表示 P <0. 001。

### 6. 3. 3　创新绩效

首先，本书对旅游企业的创新绩效变量进行信度分析。各变量指标结果（见表 6. 17）均满足了本书所述的常用信度指标要求，通过信度检验，证明了创新绩效的变量测度一致性良好。

表 6. 17　　创新绩效变量的信度检验（N =335）

| 变量名称 | 题项 | 均值 | 标准差 | 题项—总体相关系数 | Cronbach's α 系数 |
|---|---|---|---|---|---|
| 创新绩效 | GX01 产品或服务的附加值率 | 3. 33 | 1. 127 | 0. 691 | 0. 896 |
| | GX02 新产品数 | 3. 37 | 1. 092 | 0. 844 | |
| | GX03 我们强调先于竞争对手引入新产品、新创意和管理技术 | 3. 11 | 1. 129 | 0. 818 | |
| | GX04 我们常常主动发起竞争行动，竞争对手被迫做出回应 | 3. 16 | 1. 090 | 0. 733 | |

其次，对旅游企业创新绩效进一步做验证性因子分析。测量模型的拟合结果表明，$x^2$ 值为 31. 691，自由度为 2，RMSEA 值为 0. 087，略大于 0. 08；

在相对拟合指标上，NFI 的值为 0.951 > 0.90，CFI 的值为 0.954，趋近于 1。同时，各路径系数均在 $p < 0.001$，具有统计上的显著性。由此，图 6.3 所示的创新绩效模型与实际数据拟合的效果基本达到预期要求，对创新绩效的测度有效（见表 6.18）。

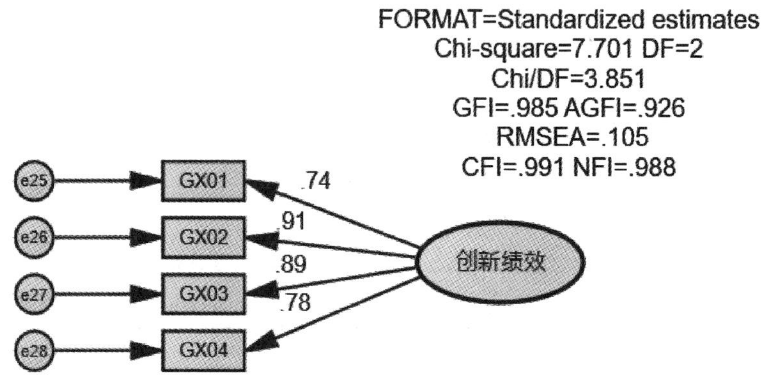


图 6.3 创新绩效的变量测量模型

表 6.18 创新绩效变量的测量模型拟合结果（N = 335）

| 路径 | | | Standardized Estimate | S. E. | C. R. | P |
|---|---|---|---|---|---|---|
| GX01 | < - - - | 创新绩效 | 0.735 | | | |
| GX02 | < - - - | 创新绩效 | 0.914 | 0.081 | 14.810 | *** |
| GX03 | < - - - | 创新绩效 | 0.888 | 0.087 | 13.993 | *** |
| GX04 | < - - - | 创新绩效 | 0.778 | 0.083 | 12.334 | *** |

注：* 表示 P < 0.05，** 表示 P < 0.01，*** 表示 P < 0.001。

## 6.4 结构方程模型检验

### 6.4.1 初始模型构建

在图 4.2 所构建的理论化模型基础之上，本研究设置了图 6.4 的初始结构方程模型。为保持模型的简约性（侯杰泰等，2004），本书在初始结构方程模型中不引入控制变量。接下来，将对模型中设定的网络能力通过获得式、学习和实践式学习对旅游企业创新绩效产生作用的初始假设（具体假设关系见表 5.1）进行相关路径验证。

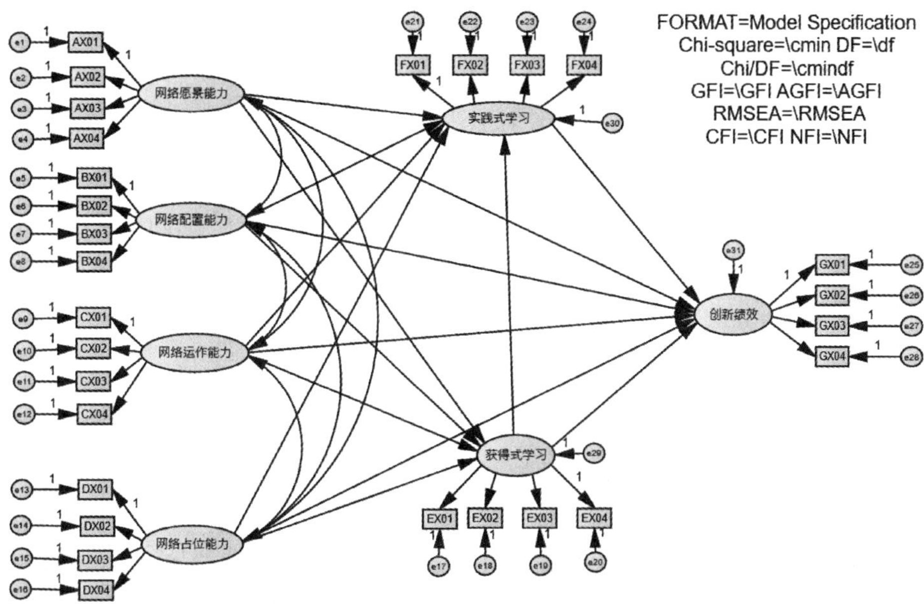


图 6.4　旅游企业网络能力、组织学习对创新绩效影响的初始结构方程模型

### 6.4.2　数据拟合修正

图 6.4 是在 AMOS 22.0 软件中绘制的可识别的结构方程模型，导入数据后进行拟合，初步拟合结果如表 6.19 所示。初始结构模型中卡方与自由度比值为 2.352，小于 3，RMSEA 的值为 0.068，小于 0.08；绝对拟合指标 AGFI 为 0.799，低于 0.9，相对拟合指标 CFI 为 0.904，标准拟合指标 NFI 为 0.846，也低于 0.9。由此可见，考察的主要指标虽然属于相对可接受范围之内，但重要的是，我们发现其他指标存在问题，问题主要反映在两个方面：一是路径系数不明显，如实践式学习 < - - - 网络配置能力的标准路径系数只有 0.02 等；二是有违常识，如实践式学习 < - - - 网络运作能力的路径系数出现负值等（详情可参见表 6.19），这些指标存在的问题充分说明初始模型没有一次拟合成功。

表 6.19 初始结构模型的拟合结果（N=395）

| 路径 | | | Standardized Estimate | S. E. | C. R. | P |
|---|---|---|---|---|---|---|
| 获得式学习 | <--- | 网络愿景能力 | 0.268 | 0.131 | 1.882 | 0.060 |
| 获得式学习 | <--- | 网络配置能力 | 0.139 | 0.090 | 1.553 | 0.120 |
| 获得式学习 | <--- | 网络运作能力 | 0.111 | 0.190 | 0.619 | 0.536 |
| 获得式学习 | <--- | 网络占位能力 | 0.295 | 0.152 | 2.069 | 0.039 |
| 实践式学习 | <--- | 获得式学习 | 0.317 | 0.141 | 3.036 | 0.002 |
| 实践式学习 | <--- | 网络愿景能力 | 0.269 | 0.183 | 1.825 | 0.068 |
| 实践式学习 | <--- | 网络配置能力 | 0.019 | 0.124 | 0.211 | 0.833 |
| 实践式学习 | <--- | 网络运作能力 | -0.078 | 0.259 | -0.435 | 0.664 |
| 实践式学习 | <--- | 网络占位能力 | 0.085 | 0.215 | 0.567 | 0.570 |
| 创新绩效 | <--- | 获得式学习 | 0.172 | 0.105 | 1.824 | 0.068 |
| 创新绩效 | <--- | 实践式学习 | 0.384 | 0.056 | 5.729 | *** |
| 创新绩效 | <--- | 网络愿景能力 | -0.080 | 0.137 | -0.605 | 0.545 |
| 创新绩效 | <--- | 网络配置能力 | -0.038 | 0.091 | -0.473 | 0.636 |
| 创新绩效 | <--- | 网络运作能力 | 0.141 | 0.193 | 0.869 | 0.385 |
| 创新绩效 | <--- | 网络占位能力 | 0.243 | 0.161 | 1.804 | 0.071 |

注：* 表示 P<0.05，** 表示 P<0.01，*** 表示 P<0.001。

对于模型的修正和调试，AMOS 提供的修正方法主要包括两种：一种是通过修正指数 MI 对原有模型进行扩展；另一种是根据 C. R 临界比率将原有模型简化。对于 MI，考虑到本研究的假设理论模型已将所有可能关系进行了联结，并且通过【view text】的输出报表也显示，没有可将固定参数变自由参数的项。鉴于此，本研究对模型的主要修正思路主要朝简化方向展开。在简化过程中，主要结合各变量间关系所赋予的实践意义与理论基础进行修正，最终拟合结果如表 6.20 所示。其中，“实践式学习←网络配置能力”“实践式学习←网络运作能力”“实践式学习←网络占位能力”“创新绩效←网络愿景能力”“创新绩效←网络配置能力”“创新绩效←网络运作能力”6 条路径被删除。通过调整修正所产生的最终结构模型如图 6.5 所示。修正后的卡方与自由度比值为 2.315，RMSEA 的值为 0.067，绝对拟合指标 AGFI 为 0.802，相对拟合指标 CFI 为 0.905，标准拟合指标 NFI 为 0.845，均有所改善，除“获得式学习←网络运作能力”外，其他路径在 P<0.5 的水平上都具有统计显

著性。

**表 6.20　　　　修正后的结构方程拟合结果（N＝395）**

| 路径 | | | Standardized Estimate | S. E. | C. R. | P |
|---|---|---|---|---|---|---|
| 获得式学习 | < - - - | 网络愿景能力 | 0.263 | 0.130 | 1.854 | 0.064 |
| 获得式学习 | < - - - | 网络配置能力 | 0.140 | 0.090 | 1.567 | 0.117 |
| 获得式学习 | < - - - | 网络运作能力 | 0.104 | 0.194 | 0.567 | 0.571 |
| 获得式学习 | < - - - | 网络占位能力 | 0.307 | 0.155 | 2.096 | 0.036 |
| 实践式学习 | < - - - | 获得式学习 | 0.336 | 0.131 | 3.476 | *** |
| 实践式学习 | < - - - | 网络愿景能力 | 0.268 | 0.111 | 2.989 | 0.003 |
| 创新绩效 | < - - - | 获得式学习 | 0.157 | 0.102 | 1.722 | 0.085 |
| 创新绩效 | < - - - | 实践式学习 | 0.379 | 0.054 | 5.779 | *** |
| 创新绩效 | < - - - | 网络占位能力 | 0.292 | 0.103 | 3.364 | *** |

注：* 表示 P<0.05，** 表示 P<0.01，*** 表示 P<0.001。

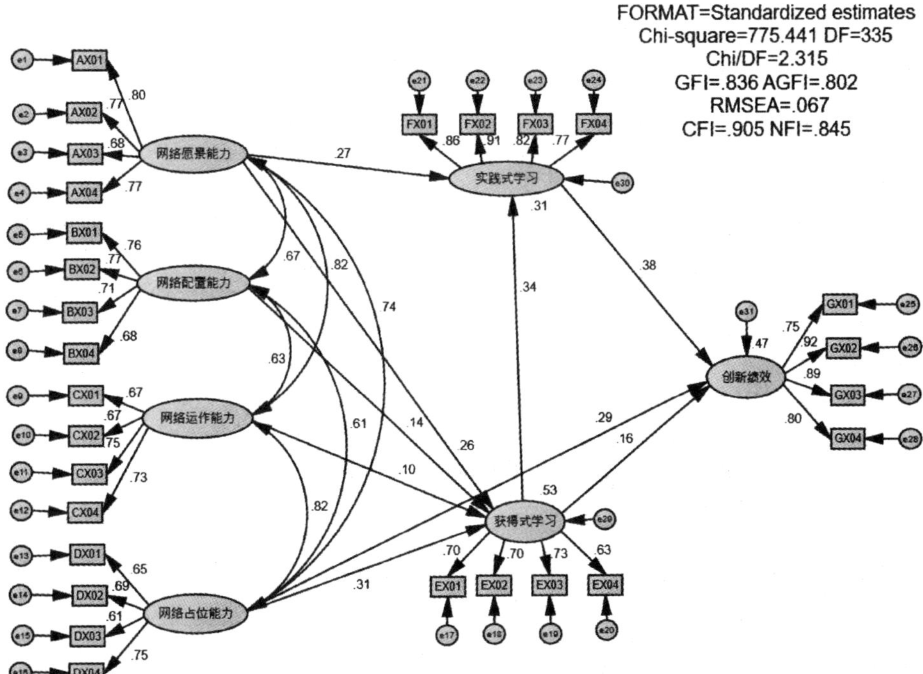


**图 6.5　旅游企业网络能力、组织学习对创新绩效影响的最终结构方程模型**

### 6.4.3 模型确认与效应分解

由图6.6可以看出，网络能力能通过促进获得式学习，进而正向影响旅游企业创新绩效，其中网络能力的4个维度“网络愿景能力”“网络配置能力”“网络运作能力”和“网络占位能力”与获得式学习正相关。网络能力对实践式学习的影响只体现在网络愿景能力的维度上，实践式学习和获得式学习存在学习连续的路径，获得式学习也可以通过实践式学习对旅游企业创新绩效产生正向的影响。对于网络能力与实践式学习之间关系存在的悖论，主要是遵循结构方程建模的基本原则，即尽可能承认所有变量间的可能关系，然后再通过计算，对变量间关系去伪留真。因此，在这样的指导思想下，在最初确立假设关系时，我们提出“网络能力对实践式学习会产生正向影响”。这也从另一个侧面反映了作者量化研究方法应用的不熟稔。不过该结论也印证了本书的研究初衷，即旅游企业的实践式学习完全是建立在模仿式学习的基础上，它不会轻易尝试其他企业与当前业务无关的学习创新活动，如果存在联系的话，也主要是把网络愿景能力作为一种价值导向，对实践性学习产生影响。

为清楚说明最终模型路径中存在的包含直接效应和间接效应在内的全部影响，我们进行了效应分解。其中直接效应是指由原因变量到结果变量的直接影响；间接效应是指因变量通过一个或多个中介变量对结果变量的间接影响；总效应为直接效应和间接效应之和。最终路径模型的效应分析如表6.20所示。通过表6.21，我们更为清晰地打开了旅游企业网络能力到创新绩效作用机制的黑箱，再次验证了网络能力以及旅游企业创新绩效的关联性，解释了网络能力作用于旅游企业创新绩效的作用机制（见图6.6）。

表6.21　最终路径模型的效应分析

| 效应类型 | 结果变量 | 网络愿景能力 | 网络配置能力 | 网络运作能力 | 网络占位能力 | 获得式学习 | 实践式学习 | 创新绩效 |
|---|---|---|---|---|---|---|---|---|
| 总效应 | 获得式学习 | 0.263 | 0.140 | 0.104 | 0.307 | 0.000 | 0.000 | 0.000 |
| | 实践式学习 | 0.356 | 0.047 | 0.035 | 0.103 | 0.336 | 0.000 | 0.000 |
| | 创新绩效 | 0.176 | 0.040 | 0.030 | 0.379 | 0.284 | 0.379 | 0.000 |

续表

| 效应类型 | 结果变量 | 网络愿景能力 | 网络配置能力 | 网络运作能力 | 网络占位能力 | 获得式学习 | 实践式学习 | 创新绩效 |
|---|---|---|---|---|---|---|---|---|
| 直接效应 | 获得式学习 | 0. 263 | 0. 140 | 0. 104 | 0. 307 | 0. 000 | 0. 000 | 0. 000 |
| | 实践式学习 | 0. 268 | 0. 000 | 0. 000 | 0. 000 | 0. 336 | 0. 000 | 0. 000 |
| | 创新绩效 | 0. 000 | 0. 000 | 0. 000 | 0. 292 | 0. 157 | 0. 379 | 0. 000 |
| 间接效应 | 获得式学习 | 0. 000 | 0. 000 | 0. 000 | 0. 000 | 0. 000 | 0. 000 | 0. 000 |
| | 实践式学习 | 0. 088 | 0. 047 | 0. 035 | 0. 103 | 0. 000 | 0. 000 | 0. 000 |
| | 创新绩效 | 0. 176 | 0. 040 | 0. 030 | 0. 087 | 0. 127 | 0. 000 | 0. 000 |

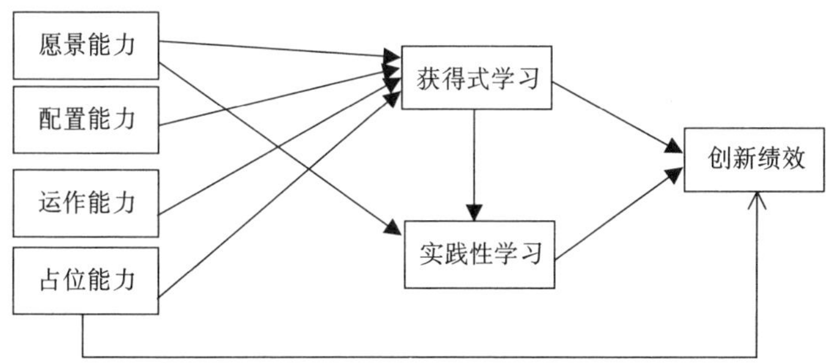


**图 6. 6　修正后的网络能力影响创新绩效机制模型及作用路径**

# 6. 5　进一步讨论

## 6. 5. 1　网络能力对创新绩效的作用机制分析

本书通过量化研究部分支持了通过案例构建理论形成的网络能力能够提升旅游企业创新绩效的理论假设。先前研究者 Ritter 等（Ritter，1999；2003）、Möller 和 Halinen（1999）、Hagedoom 等（2006）基于其他产业研究所提出，网络资源也是一种战略性资源，网络能力作为一种具体的动态能力，具有激活网络资源成为竞争优势源泉的内在价值，陈学光（2007）、方刚（2008）、任胜钢（2010）等的实证研究结果也证实上述观点，但本书发现只是网络能力中体现客观结果的占位能力维度才会对企业创新绩效形成直接正向影响，即假设5d通过验证。

生产组织方式的独特性决定了网络既成为创新知识的主要来源，又成为旅游企业创新的主要障碍。显然，一个旅游企业的知识基础并不在于其内部拥有多少资产，而是在于其嵌入在更大的网络组态中形成的跨组织资源的多寡。旅游企业创新的起点是组织边界内外资源的流动与交换，终点是其至少获得平均利润与竞争优势（王睢和曾涛，2011）。尤其是，信息通信技术（ICT）的深度介入，信息多元化与交互异常频繁，引致旅游企业组织间知识域的重叠性、组织边界模糊性愈发提高。一方面，效率机制认为，较多的知识重叠有利于减少旅游企业间交易成本，有利于促进包括创新活动在内的组织间合作。另一方面，此处强调的知识是一种跨组织资源，这将会导致公共品和准公共品的出现，合作网络成为"搭便车"行为的温床，不利于企业主动开展创新活动。在旅游业，由于旅游产品和服务的知识壁垒过低，企业间的交流、交易通常在非正式、较低知识水平上就可以进行，这更使模仿成为普遍的行业现象（Hjalager，2002）。针对这种行业模仿现象，过去研究者一直认为这会挫伤旅游企业的创新热情（宋慧林和宋海岩，2013），但是在案例调研中我们发现，很少有被访者被这个行业常态影响。对他们而言，模仿只是意味着企业的机会窗口期愈发短暂而已，因此对于旅游企业而言，先动活动的开展就显得尤为重要，及时发现机会，抓住先机，先于竞争对手采取行动，就可能为企业赢来更大生存空间。

网络能力体现了旅游企业对网络关系的重视程度，它要求旅游企业能动性地管理网络关系，以前瞻性和进取性姿态审视外部环境，提高产品和合作伙伴选择的判断力，利用优化重构增加企业与伙伴间的主动互动频率与信息质量，通过占据有利位置尽可能提高企业的信息优势和增加主动地位，以此增加旅游企业从外部获取知识和其他资源的机会，进而借助信息具有先动性的内生本质，避免浪费资源和丧失机会，提高旅游企业创新绩效。本书的结论再次证实并揭示了网络能力对企业创新绩效的作用机制，即旅游企业的创新绩效是企业运用网络能力禀赋运用和配置网络关系间蕴藏的优质资源的结果。创新绩效的提高，不仅包括增加销售收益、降低成本，还包括先进入市场、赢得市场地位获得的差额回报，等等。

### 6.5.2 组织学习对创新绩效的作用机制分析

首先，本书假设的关于获得式学习对旅游企业创新绩效的正向影响得到实证支持。这与先前研究者，Zahra 等（1999）、Hitt 等（2000）、Dess 等（2003）所提出的“获得式学习通过形成高效率模仿式创新为企业带来收益，该学习方式可以作为构建竞争优势的主要手段之一”的研究结论是一致的。与李雪灵等（2013）对具有强资源约束、市场不确定性高的新创企业和 Zhao 等（2009）、Li 等（2010）对转型经济中市场充满不确定性、内部缺乏有效开发能力的高新技术、知识密集型企业的研究所得出的实证研究结果基本吻合，即假设6a通过验证。

对于旅游业而言，需求的泛化使旅游业的知识基础就像一组建筑积木构成的开放创新系统，这些积木会由各种行动者在以旅游目的地相联系的空间网络中因某种特定需求而进行交互组合或变换更新。任何其他行业或产业的知识都可以被组合形成旅游产品，这就造成旅游企业面对的产业知识存在无边界的认知风险。为降低这种风险，旅游企业也只有尽可能地将所有知识纳入自己的知识库，而模仿式学习凭借其成本低、风险小、学习周期短的优点，自然成为旅游企业获取知识的首选组织学习行为。与此同时，旅游产品及其需求具有因人而异的特质，这种需求的高度不确定性也会间接导致旅游企业不会轻易像制造业企业那样分配已十分有限的资源，专注于在企业内部通过开发某项产品而获取竞争优势。最终，这些原因共同导致获得式学习（或称模仿式学习）成为旅游企业应对旅游业知识基础动态演化造成的系统性风险适应性、“强选择”的结果。

在获得式学习的知识来源、转移渠道和创新扩散的整个过程中，旅游企业通过 Hjalager（2002）、Hall 和 Williams（2008）等概括的包括直接性（如外部供应商、内部工作人员、特许经营、规章制度、管理培训等）和间接性（如专业或行业性期刊、报纸、网站、行业协会、专业研讨会）在内的两大知识源来获取关于外部市场环境和服务信息的相关知识。经由观察/模仿/和示范、企业间交流、劳动力流动、知识经纪人这些典型的获得式学习行为将知识内在化，与自身所拥有的知识进一步整合成更为清楚的、明确的、大众化的内部知识。在这个转移过程中，由于旅游企业知识创新是一个开放性的过程，一部分知识经由组织内部后会迅速走向市场，形成经常能看到的市场同质化产品。这种知识扩散速度很快，也源于旅游产品属于经验型产品，知识程度低，特别是在前期环节，非常容易看得见，并且没有什么技术含量（Weidenfeld 等，2008），经常不需要通过正式的组织学习机制就可以完全习得。创新和知识往往是由“核心”开始，再扩散到周边，也在案例企业中得到有力佐证。这些知识中心枢纽的管理者可以被描述为“领导者”或“创新者”，因为他们对于知识和创新能有效捕捉、编纂和转换，并扩散到其他旅游企业，从而促进整个目的地的旅游经济效应和竞争力，也反映了这些企业强有力的网络占位能力。对于旅游企业来说，获得式学习大大降低了其知识蓄水池的成本，丰富并且优化了企业拥有的知识资源。最重要的是，通过获得式学习，企业可以不受资源有限、能力不足、市场动荡的约束，能迅速跟进市场，填补自身经营空白，提升能力，赢得生存空间，有效降低旅游企业的死亡率。

其次，本书假设的关于实践式学习对旅游企业创新绩效的正向影响得到实证支持。这与先前研究者 Slater 和 Narver（1995）、Dess、Ireland 和 Zahra 等（2003）、Burpitt（2004）、Li 等（2010）提出的“实践式学习是在企业既有知识轨道上对现有产品的改进，是以一种渐进的方式累积经验并提高企业的学习曲线效应，作为一种可靠型、效率高的学习方式，它对企业创新绩效具有正相关性”的研究结论是一致的。学者 Zhao 等（2009）、Li 等（2010）提出的获得式学习和实践式学习存在连续的学习路径的研究结论一致，即假设 6a 、6c 通过验证。

在旅游企业内，实践式学习的知识来源不仅包括内部各种正式与非正式的文档、规则、政策、价值体系、商业秘密（Matusik，2002），还涉及指导组织执行具体生产任务的各种企业特有的过程化、例程性知识（Argyris 和 Schon，1996）。旅游企业内部成员会将上述知识来源通过一系列相互分享、不断试错、干中学的具体行为转换成新的知识。这种涌现的新知识是为现有市场或存在的可辨识的客户群体、利用企业现有知识库拓展现有产品和服务，因此在产出上会产生两个不同于获得式学习的经济回报，即增加现有产品附加值的同时也会提高现有服务供给效率，有利于企业形成优质商家的市场地位和获得更高的财务收益（Burpitt，2004）。

加上旅游业提供的产品多以服务形式存在，这些服务又多属于经验性知识，并且服务生产与消费通常又是同时进行，因此实践式学习在旅游企业内的发生常常是在更复杂的和非正式的行为中，不仅搜索知识的过程无法被精心安排，而且知识资源很容易被分散（Cooper，2006）。虽然发生极为频繁，但该学习相比获得式学习而言，对企业内部资源和能力提出相对较高的要求，即需要内部具有好的分享机制、好的知识流动条件，并且已有知识基础的质量要高，因此真正能保留下来获取好的经济回报的新知识组合是非常有限与稀缺的。也正因为稀缺，不同于获得式学习承载着帮助企业提升其存活率的使命，实践式学习承载了帮助企业实现与众不同、脱颖而出的组织使命。

### 6.5.3　网络能力对组织学习的作用机制分析

网络能力对获得式学习具有显著的正向影响。假设 1a、2a、3a 和 4a 通过验证，这说明网络能力的 4 个构成维度都有利于促进获得式学习的效果。组织学习及其作用的发挥受到知识来源和质量的影响，而旅游企业的知识多来源于企业外部已经被得到证明。不过，外部知识存在公共属性，早有学者注意到了获得式学习知识来源的这个特性，也就此认为，因为获得式学习获取的知识具有公共、大众属性，似乎并不具有所谓的价值性、稀缺性、难以模仿性和难以替代性的特性，所以获得式学习这种学习行为对企业形成独特竞争优势值得商榷（Huber，1991）。

近年来，社会网络理论（Social Network Theory）从社会网络的构造出发，认为即便是同处于一个外部网络中的成员，面对具有公共性质的网络知识资源，由于不同成员在网络中所处的位置、结构、关系等基本网络结构组态存在差异，也会导致其在知识筛选、接收等方面一系列组织行为的不同，进而增加了这些具有公共性质的知识转化为企业独有的异质性知识的潜在可能。进一步说，企业能动地塑造网络成员间的关系的这一组行为会直接影响到企业参与外部网络所获得的绩效，上述观点逻辑与动态能力理论（Teece 和 Pisano，1994）的结合为解释网络环境下帮助企业提高跨组织学习效率、提升创新绩效提供了有力的理论基础（Uzzi，1997）。上述结论在田野调查中，以外部网络为基本生产组织方式的旅游企业更是表现明显，同处于一个目的地网络，同样内部规模很小，同样经营一条线路，企业绩效水平、对未来的预期差异明显。旅游企业凭借其能动地管理网络的特殊能力为企业获得式学习形成了有利条件。好的网络能力通过对网络关系前瞻性的预测与规划、对网络关系常规与惯例的质疑与重构、对网络关系的维护与优化、对网络关系实现控制等内部结构高度相关的能力来增强旅游企业对市场环境的判断，发现新机会，并将经过优化处理的信息嵌入获得式学习心智模式，影响企业具体的学习思考和行为模式，进而提高学习效率。

网络能力对实践式学习不具有直接显著的正向影响，在假设 1b、2b、3b 和 4b 中，仅有 1b 通过验证。一是与网络愿景维度具有价值导向的性质有关，网络愿景也是企业众多战略愿景中的一种，愿景的高低与好坏会直接影响企业后续的学习行为，实践性学习也同样会受到影响。二是受到旅游业特殊产业情境的影响。由于需求泛化，旅游产品并非制造业和其他服务业那样，所有劳动都可以物化于一个有形物质和一个有针对性的服务，如理发等，去加以体现。旅游企业本身对于核心产品的概念是摇摆不定的，加之市场环境的异常动荡不安，企业不会轻易尝试其他一些与当前业务无关的学习创新活动，这些都是对风险因素权衡利弊的考虑，因此旅游企业的实践式学习对象完全在通过模仿式学习形成的现有产品基础之上形成。进一步讲，网络能力对旅游企业创新绩效的作用当以组织学习为中介时，都须先经过模仿式学习，然后形成“模仿到模仿创新”“模仿到实践创新”这样两条路径。

### 6.5.4 组织学习的中介作用

实证分析结果支持组织学习在企业网络能力与创新绩效的关系中起到中介的作用。从上述网络能力对组织学习的作用机制分析中可以看到，由网络能力塑造的企业间网络关系会直接影响到旅游企业对网络中的知识、信息等资源的获取和掌控，进而对组织学习的效果产生直接影响（Ritter，1999）；而企业网络是企业知识资源获取的平台，但这些网络知识是“静态”的，并且仍处于跨组织边界的游离状态，有效利用知识资源这个丰富的网络平台，还是要依靠组织学习的不断获取、整合和利用。有良好的网络能力，但并不付诸实际的学习行动，可想而知企业创新活动的开展效果不会好到哪里去的（Zahra 等，2006）。因此，基于上述两方观点的观点，可以认为，组织学习是实现网络能力塑造的资源结构到实质性生成企业创新绩效产出的中介变量，可以构成一个合理的理论逻辑。不过文献检索发现，以组织学习作为中介变量，研究网络能力、组织学习、绩效或创新绩效之间关系的实证性研究很少，如 Ritter（2003）发现，网络能力除了对企业创新绩效具有直接的影响外，还通过提高企业与其他网络成员之间的技术交互水平提高企业的创新绩效。方刚的研究（2008）也仅关注了知识转移在其中起到的中介作用，朱秀梅等（2010）实证检验了新企业网络能力与组织绩效的关系，发现网络能力对组织知识资源获取具有正影响，而知识资源获取与新企业绩效存在显著正相关关系，知识资源获取在网络能力和组织绩效之间发挥完全中介作用。赵爽（2010）则发现网络能力通过网络学习和网络权利的传导机制来提升企业的绩效。因此，本书主要是基于案例田野调查的思路，在构建模型中，将网络能力→组织学习→网络绩效等几个变量联系起来，形成了一个综合性的旨在阐释网络能力对创新绩效作用过程和机理这样一个理论化模型，也得到了实证研究的支持，即假设 7a，7b 通过验证。其中，实践式学习的中介作用是依赖于模仿式学习而形成的。总之，本书不仅验证了组织学习在网络能力与企业创新绩效之间关系的中介作用，更主要的是揭开了旅游企业如何通过网络能力获取创新绩效的“黑箱”，发现了旅游企业进行创新过程的许多操作性常规和非常规性组织活动（见表 6.22）。

表 6.22　假设验证结果汇总

| 假设序号 | 假设具体描述 | 验证结果 |
| --- | --- | --- |
| 假设 1a | 旅游企业网络愿景能力对获得式学习有着显著的正向影响 | 通过 |
| 假设 1b | 旅游企业网络愿景能力对实践式学习有着显著的正向影响 | 通过 |
| 假设 2a | 旅游企业网络配置能力对获得式学习有着显著的正向影响 | 通过 |
| 假设 2b | 旅游企业网络配置能力对实践式学习有着显著的正向影响 | 未通过 |
| 假设 3a | 旅游企业网络运作能力对获得式学习有着显著的正向影响 | 通过 |
| 假设 3b | 旅游企业网络运作能力对实践式学习有着显著的正向影响 | 未通过 |
| 假设 4a | 旅游企业网络占位能力对获得式学习有着显著的正向影响 | 通过 |
| 假设 4b | 旅游企业网络占位能力对实践式学习有着显著的正向影响 | 未通过 |
| 假设 5a | 旅游企业网络愿景能力对该企业创新绩效具有显著正向影响 | 未通过 |
| 假设 5b | 旅游企业网络配置能力对该企业创新绩效具有显著正向影响 | 未通过 |
| 假设 5c | 旅游企业网络运作能力对该企业创新绩效具有显著正向影响 | 未通过 |
| 假设 5d | 旅游企业网络占位能力对该企业创新绩效具有显著正向影响 | 通过 |
| 假设 6a | 获得式学习对旅游企业的创新绩效有显著的正向影响 | 通过 |
| 假设 6b | 实践式学习对旅游企业的创新绩效有显著的正向影响 | 通过 |
| 假设 6c | 获得式学习对实践式学习有着显著的正向影响 | 通过 |
| 假设 7a | 获得式学习在网络能力影响旅游企业创新绩效的机制起到中介作用 | 通过 |
| 假设 7b | 实践式学习在网络能力影响旅游企业创新绩效的机制中起中介作用 | 通过 |

## 6.6　本章小结

在第 3 章和第 4 章提出的网络能力、组织学习对旅游企业创新绩效作用机制的理论化模型和相关研究假设基础上，本章首先运用探索性因子分析、验证性因子分析手段对所构建模型中各变量的初始测量题项进行效度与信度检验，并根据指标要求进行了调整，形成拟合度较高的测量模型；其次，对研究模型进行结构方程模型检验，研究假设基本都验证通过；最后，对量化研究得出的结果进行了相关解释与讨论，进一步阐述了网络能力、组织学习与旅游企业创新绩效之间的作用机制。

# 第 7 章

# 研究结论和展望

## 7.1 主要研究结论

本书在研究文献和案例构建理论共同的作用下，主要围绕“旅游企业如何通过网络能力提升创新绩效”这一基本研究命题展开，综合运用理论分析、案例构建理论（质性研究）、大样本统计（量化研究）等一系列规范与实证研究方法，借助 SPSS 和 AMOS 的数理统计工具，有机地、科学地把定性分析与定量研究进行结合，通过案例构建理论的研究方法提炼出相关概念，并形成假设，提出理论化模型。在此基础上，本书逐渐深入具体回答了 3 个具体研究问题：第一，旅游企业的特殊情境，即旅游服务创新的专业轨道是什么。第二，网络能力对旅游企业创新绩效影响与作用机理是什么。第三，组织学习作为网络能力和创新绩效的中介变量，它所包含的两种不同学习方式最终会对创新绩效产生什么样的影响，这两种学习方式之间的作用关系又是什么。通过对 3 个关键问题的具体回答，本书明确了旅游企业网络能力、组织学习与创新绩效三者之间的具体影响机理，并形成以下主要结论。

第一，旅游业产业基础的特殊性和一般性决定了旅游企业专门的服务创新轨道，也决定了旅游企业的成长宿命和成为具有鲜明属性特征的一类企业的最终结果。

本书借助知识基础理论对企业经营活动先进行高度抽象，在 Malerba (2002) 对旅游业具有启发性的 SSIP 框架性定义下，通过需求泛化、知识基础和学习过程、网络和行动者 3 组概念组合对旅游业产业的特殊性和一般性及由此引发的旅游服务创新轨道进行理论推演。经过逻辑演绎，本书最终将旅游业界定为，“旅游业是一个完整的旅游产品，通常分别由不同企业（或组织）提供，以多家企业联合的整体形象诉诸游客。为了配置这些分散且异质性的知识，旅游组织就不得不寻求外部合作，需要将各类外部知识源（景点、旅行中介、游客、供应商、公共部门等）随时纳入产品生产与交付过程的各个环节。这种不同于价值链分解与劳动分工，而是基于多组织间广泛联系、松散集合、营利性与非营利性共存、强调要素、轻视秩序的基本生产组织方式聚集起来的企业或组织共同构成旅游业的广义范围”。创新常常伴随着生产过程的演进，在组织交互的共同作用下实现的同时，也会导致旅游业的范围边界处于扩张与收缩的动态演化中，这也是旅游业定义不可或缺的组成部分。

在该定义下，旅游业就像一组建筑积木构成的开放创新系统，这些由各种行动者构成的积木块在会在以旅游目的地相联系的空间网络中因某种特定需求而进行交互组合或变换更新。需求、知识基础与学习过程、行动者与网络这 3 个概念组合共同诠释了旅游业及其生产经营活动展开的特殊性和一般性。特殊性主要有两大方面：一方面，旅游业知识基础的动态演化与更新机制决定多元化、大平台化的建设是企业生存与发展最基本的内在要求。对知识资源的尽可能地全面获取（即组织学习）与重新配置而非所有与控制成为旅游企业维持生存的关键，但在信息技术出现以前，几乎很难做到，导致旅游企业自创建之日起，终身都会伴随着生存资源的严重约束；与此同时，为降低经营风险，很少有旅游企业会进行内部资源分配，开展创新活动，通常模仿性学习是旅游企业适应性的战略行为选择，规模小、易倒闭也成为旅游企业发展的基本宿命。另一方面，旅游业的特殊性就是生产联结方式的特殊性，以网络为基本生存载体，但网络关系及网络形态的复杂性使得组织信息传播呈现多向、多极特性，不同网络形成的交互行为与价值共同创造过程交织在一起，使得管理边界也更难以被准确描述和精确评估，资源配置范围及方式也难以预料。旅游业生产方式的特殊性决定了它有别于其他产业和服务业这是旅游业特殊的系统性风险。相应的，对网络的天然依赖决定了其对网络能力的超高要求。网络、社群、连接又成为旅游企业绩效提升的关键。

第二，旅游企业网络能力通过影响获得式学习进而作用于旅游企业的创新绩效。本书通过案例构建理论的研究方法进行研究后认为，网络能力对旅游企业创新绩效具有积极的影响作用，其中获得式学习和实践式学习是网络能力与创新绩效间的关键中介变量。利用网络能力禀赋，旅游企业发现新的机会及所需资源，获取资源又需要通过必要的组织学习机制将潜在资源进行现实性的转化与利用，创新绩效可以说是组织学习后的结果。网络能力的高低会潜在决定企业获取知识资源质量的好与坏，而有效的组织学习是知识资源转化成创新产出的重要保障机制。最终，追求创新产出的高绩效组织行为就是要帮助旅游企业构建和维护他们的核心竞争力和竞争优势。本书又通过对 335 家旅游企业进行结构方程建模分析，进一步确认网络能力对旅游企业创新绩效的影响主要以模仿式学习为中介变量而实现，即企业网络能力通过影响获得式学习进而影响旅游企业创新绩效；企业网络能力也会通过影响获得式学习，获得式学习再影响实践式学习进而实现创新绩效。上述路径一起形成了旅游企业网络能力对创新绩效的作用机制。

第三，实践式学习对旅游企业创新绩效的作用是以获得式学习为基础的。通过案例研究，本书将旅游企业的组织学习方式表征为获得式学习和实践式学习两种，并发现这两种不同学习方式对旅游企业的创新绩效作用范围不同。获得式学习，也称模仿式学习，主要是通过快速复制同业行为抢占市场份额而获取创新收益这样一个组织行为逻辑。创新收益中的财务收益，尤其是先动效应，主要是由这种学习方式作用形成的。获得式学习是实践式学习效果的基础与前提保障，对于想通过持续开展服务创新而获取竞争优势的旅游企业来说，开发和维持新的模仿式学习是基本的生存保障前提，因为模仿式学习使旅游企业能够快速满足市场需求，为企业提供低风险的资本流入（Garcia 等，2003），通过给企业提供稳定资金支持使得企业有再发展的可能与欲望。另外，获得式学习是旅游企业实践式学习实现创新的根本保证，对现有正在经营的服务和产品知识的学习和挖掘可以有效降低全新知识开发的风险，并且有助于企业对现有服务范畴进行纵向和横向拓展。最终，实践式学习对企业创新的绩效反映在高的附加值上和提高企业在同质化产品泛滥的市场中的差别感和辨识度。

## 7.2 研究启示

“外部网络”是旅游企业创新的重要构成要素和驱动创新的基本组织方式，决定了网络能力对于旅游企业而言并非是一种改善型的动态能力，这与主流研究的结论不同。对旅游企业而言，网络能力首先是一种基本的生存能力，然后才是改善型的动态能力。网络能力对于旅游企业而言至关重要，因此旅游企业必须积极培育管理与外部网络成员间的关系能力，确保知识等战略资源的获取，赢得生存的时间和获得发展的空间。由于本研究的相关结论都是建立在缜密的科学研究策略基础之上，本书认为，得出的研究结论具有普适性，对指导资源常年处于匮乏和瓶颈状态的旅游企业在高度动荡的市场竞争环境中“跨越”生存困境、获取成功具有积极的意义。

首先，旅游企业应积极、主动性地参与外部网络的合作。从案例研究中可以看到，网络成员并不是只能被动地对其外部网络做出反应，它可以对自己所处的网络进行有目的的规划和有意识的设计。旅游企业如果希望在这个知识基础高度动态演化的产业中获得成功，就必须发挥自己的主观能动性，积极、主动地进一步扩大自己的网络范围，学会能动地去通过一些基本网络关系技巧实现与外部网络成员的有效互动与合作，通过积累最终占据外部网络的中央性位置，使自己成为网络中知识和信息汇聚的焦点，有效推动网络组态向更有利于自己企业发展的方向变化，这样蕴涵在网络中的价值资源才有可能被激活。

其次，培育旅游企业网络能力时应始终注重以下几个方面的平衡：在自足和完全共享之间寻求平衡；在外部知识资源丰富性与非冗余性之间寻求平衡；运用多种流程而非单一流程建立网络成员间知识联系时要注意知识流向的平衡；注意外部知识源过度泛化与内部资源有限性间的平衡；要注意网络成员间关系紧密性与稀疏性之间的平衡。与此同时，创新绩效显著的旅游企业在具体的生产过程中运用网络时的很多组织操作常规并非单纯以营利性交易为主，非营利性的实践行为发生也极为频繁，因此建议旅游企业在培育网络能力时也应该注意对非营利性手段的运用。

最后，旅游企业应加强与合作伙伴的互动学习，加强内部的共享学习，提高知识资源获取与转移的效果。实证结果表明，企业从外部网络中获得的潜在好处需要进一步借助于企业组织学习的有效性表现出来。通常在组织实践中，旅游企业首先会通过与网络中合作伙伴的互动学习而快速形成有效的模仿学习，通过先动性效应提高自身的创新绩效。可以说，一方面，模仿式学习保证了企业的生存资金流入，旅游业高度动态演化的知识基础也决定了旅游企业所要获取的知识常年处于迅速更新淘汰状态，模仿式学习永远可以帮助企业通过先动性效应而获利；但另一方面，旅游企业要想提高在市场中的识别度，提高自己在市场中的优质商家的身份识别度，则需要通过建立在获得式学习基础上的实践式学习形成更高层次的创新。这个结论凸显了这样的一种实践意义：在当前旅游企业通过创新活动来提升企业竞争力的过程中，向外部学习获得直接性的创新知识与内部分享式学习对旅游企业而言，两者都意义重大。需要指出的是，该主张与现有研究认为实践式学习更有利于企业创新的观点存在不一致的研究结论，这种不一致主要是由旅游业知识基础及边界高度动态的演化特征所致。总之，企业除了加强网络能力的培育以外，还应该注重包括不同学习方式发挥效应的条件，努力创造学习氛围，真正将从创新网络中获得的益处真正转化为企业的竞争优势。

## 7.3　研究局限与未来研究展望

囿于学术积累、理论敏感性和研究视野等方面的不足，本书在研究方法的深入应用、研究内容的科学取舍等方面存在很多遗憾，主要表现为：

第一，在理论分析方面，旅游业很多基本学科问题仍存在不同解释和争论，这为本书研究增添了许多困扰。很多在其他管理学科看来水到渠成可以获得有效解释的问题，在旅游业都需要去进行理论的适用性、情境性分析，导致本研究将很大一部分研究精力放在了文献梳理与评述上；虽在困扰的同时也获得了很多新的启发，但限于研究主题及篇幅与结构，无法展开对相关文献的深入分析。

第二，在量化研究方面，样本收集和变量测度问题上尚有不足。首先，尽管本书研究在最大程度降低未回复偏差和保证有效问卷的数量和质量方面做出了努力，但在问卷发放的地域局限上是多少存在些疑虑的，因为这有可能难以排除区域企业固有特性的影响，因此所得研究结论有待于在更广区域范围进行验证。其次，受数据收集条件的制约，部分变量测度指标体系仍有较大改善空间。虽然本书通过将案例构建理论与结合已有研究量表形成完整研究周期的方式开展研究，但是在实证研究中，我们为保证知识的累积性，在具体量表设计中仍尽量对主流研究中的相对成熟的已有题项进行组合和调整，但难免受到个人能力的影响，不可避免地存有测度偏差和缺陷。在未来的研究中，有必要对各部分量表设计专门展开研究，这样可以更进一步地提高研究结论的可靠性与可重复性。

我们也看到，旅游创新的研究正在成为旅游学科、创新管理研究领域的热点。本书所做的研究贡献就是将旅游企业也试图贴上类似于新创企业、知识密集型企业群体的研究“标签”，在此基础上，进一步为揭开单个旅游企业如何通过创新实现获利过程的“黑箱”做探索性研究。另外，值得一提的是，旅游业属于服务业，模仿式学习和获得式学习具有极强的解释力，尤其是可以很好地表征服务业的探索性学习和利用式学习不同于高新技术产业这种二元学习分类方式的现实现象。在本书的研究基础上，作者认为后续研究可以沿着以下几个方向展开：

第一，在研究方法上，通过本书的分析，可以看到旅游创新研究中的很多科学问题都存在情景依赖性，现有理论的适用性和可靠性在旅游创新许多基础理论研究上引起的争议也是显而易见。因此，如在开篇提到的，要想系统性推动旅游创新的框架，真正为理解旅游业的创新管理提供具有洞察力的见解，应在继续深入和拓展现有研究以提供描述和检验理论的研究目标基础上，最终必须进行理论构建。该种方法主要是引导研究者关注那些没有明确答案却非常重要的问题，通过该种方法可以对鲜活的旅游现象有更加深刻的实感，对旅游发展的根本性问题形成更加深刻的认知，给出定量数据所不能轻易揭示的洞见，尤其是它根据“情景”重构全新理论框架，要求形成的理论具有新意、可检验、具有实证效度。这使得它与强调理论的可验证性的主流演绎式研究保持一致，两者可以相互结合形成完整的研究周期（Eisenhardt，2007），而上述研究逻辑很有可能为旅游企业创新的研究带来理论发展上的重大突破。本书也只是借助该方法对旅游企业创新的绩效问题展开部分研究，未来该方法在旅游企业的创新研究中仍有极大可扩展空间。

第二，开放环境下的旅游企业创新网络及其参与者的行为问题。已有研究对外部环境的关注还很不够，缺乏聚焦。虽然许多文献在提到旅游业的特殊性时，都会指出其网络的复杂性，例如以目的地相联系的空间网络、上下游企业间形成的投入—产出关系网络（或垂直关系）又与制造业和其他服务业存在很大差别，等等（Hjalager，2010），但目前对创新行为内嵌于这些关系网络中的研究很少，本书也只是从网络能力角度切入对旅游企业创新绩效的作用机制进行了研究，也只是触碰了旅游业创新丰富现象的冰山一角，旅游企业生产网络如何转化成企业创新网络、旅游创新网络的总体结构认识仍有待进一步探究。在此方面，主流研究，尤其是社会网络理论中不管是从网络关系还是网络结构特征入手形成的大量丰富研究，如开放式创新、社会网络理论，为旅游企业的研究奠定了有效的研究基础。值得一提的是，West，概念提出者 Chesbrough 等（2014）在《*Research Policy*》上发表的一篇纪念“开放式创新十年”的综述性文章《*Open Innovation*：*The Next Decade*》，作为近期在该领域具有里程碑意义的一篇研究评述，注意到企业非营利性知识流（No - pecuniary Knowledge Flows）常态化的这种创新活动现象，提出“企业需适时应用营利性和非营利性的交易机制去最大化实现所选择商业模式的利益（Chesbrough 和 Bogers，2014）”，并建议研究者对这种创新活动现象给予重点关注。本书在关于案例理论的研究过程中也注意到了旅游企业与其他网络成员间非营利性知识流动的普遍性，因此在旅游企业网络行为研究中，研究者在注意到旅游企业特殊性和一般性的同时，应该树立这样的研究信心，即旅游业的丰富现象也可以形成反哺主流研究的可能，期待在一代又一代研究者的共同努力下，旅游企业创新研究最终能实现前辈们寄予的厚望，完成与主流创新学科的平等对话（Shaw，2004）。

# 附　录

## 附录一　旅游企业开展创新活动深度访谈提纲

访谈提纲：

1. 请您简要介绍您的从业经历和经营企业的基本情况。

2. 您对您目前经营的旅游业务满意吗？满意在哪儿，不满意又在哪儿？有什么新的经营想法没有？

3. 您认为您企业目前与同行业相比最大的竞争优势是什么，是产品还是其他？

4. 举一个例子说明您最近的创新活动，或者说您曾经做过的让您感到满意的创新项目。

5. 您能告诉我们您平时的业务经营的信息或者说创新的点子都是从哪些渠道获得的吗？

6. 您平时对员工怎么进行业务管理，给他们的工作自由度有多大？

7. 旅游业属于快速模仿的行业，您怎么看待这个问题？这种行业特征对您经营活动存在威胁程度有多少？您平时如何去缓解这个问题？

8. 请谈一下对旅游业的整体看法，您认为未来将会在哪些方面产生革新，您对未来经营是否充满信心？

# 附录二 旅游企业开展创新活动半结构化访谈提纲

访谈提纲:

1. 请介绍一下您的工作情况和所分管的业务。

(1) 从事工作年限。

(2) 分管的业务领域。

2. 对公司过去几年的经营情况,您如何看,有什么满意的地方,认为哪些还需要改进。

(1) 财务收益。

(2) 产品开发情况。

(3) 市场地位。

(4) 成本情况。

3. 围绕一个您认为公司最有竞争力的产品包,介绍一下您所在单位的基本工作流程。

(1) 各部门的职能。

(2) 各部门的沟通方式。

(3) 产品包在运行过程中的具体执行,经过哪些部门,对外会和谁进行联系,产品销售跟踪、售后反馈。

(4) 产品执行过程是否会有改动。

(5) 产品包的知识来源。

4. 您公司的业务伙伴主要有哪些?

(1) 供应商。

(2) 消费者。

(3) 其他社会资本,如朋友、政府、公共机构等。

5. 您平时学习参观的机会多吗?

(1) 学习渠道。

(2) 学习内容。

(3) 学习后的应用情况。

6. 旅游产品容易模仿,您怎样获得这些新模仿信息呢?

(1) 模仿渠道。

（2）模仿手段。

（3）模仿后的应用情况。

（4）模仿时间。

# 附录三　旅游企业网络能力禀赋与创新的调查问卷

您好！本问卷是西北大学经济与管理学院国家社会科学基金研究项目调研主要内容之一。本次调研完全是为了研究所用，您的填写是匿名的，而且完全是自愿的。谢谢您的配合！

西北大学经济与管理学院

2015 年 2 月 6 日

A. 企业成立时间：

（1）3 年以下　（2）3—5 年　（3）5—10 年　（4）10 年以上

B. 企业主导业务所属的行业：

（1）旅游景区　（2）旅行社　（3）酒店/餐饮　（4）在线旅游

C. 企业的员工人数：

（1）10 人以下　（2）10—50 人　（3）50—200 人　（4）200 人以上

D. 请问您从事旅游业的工作年限＿＿＿＿＿年和在贵企业的任职年限＿＿＿＿＿年

填表说明：您同意或不同意下列关于贵企业开展创新活动的陈述（得分范围从 1 表示强烈不同意到 5 表示强烈同意，请在对应的方框内画“√”）。

| 序号 | 题项 | 1 | 2 | 3 | 4 | 5 |
|---|---|---|---|---|---|---|
| | | 强烈不同意 | 一般不同意 | 不确定 | 一般同意 | 强烈同意 |
| 1 | 我们能够塑造外部网络的愿景和目标 | | | | | |
| 2 | 我们能够敏锐辨识外部网络中的潜在价值和机会 | | | | | |
| 3 | 我们清晰地知道参与外部网络的目标和行动准则 | | | | | |
| 4 | 我们能预测主流趋势，以期发现合作伙伴的未来需求 | | | | | |
| 5 | 我们利用各种机会，如商会、咨询机构、行业协会和政府组织，或通过参加行业展览会和展销活动来寻找潜在的合作伙伴 | | | | | |
| 6 | 我们通过合作和新产品获得更多新的合作伙伴 | | | | | |
| 7 | 我们经常从保持联系的合作伙伴那里获得它所属的小群体的各种信息 | | | | | |

续表

| 序号 | 题 项 | 1<br>强烈不同意 | 2<br>一般不同意 | 3<br>不确定 | 4<br>一般同意 | 5<br>强烈同意 |
| --- | --- | --- | --- | --- | --- | --- |
| 8 | 有突发情况时，我们能打破原来的合作计划并提出新的处理方式 | | | | | |
| 9 | 我们善于在不同的合作关系活动中合理分配企业的资源 | | | | | |
| 10 | 我们投入的时间越多，网络成员提供的机会和利益越多 | | | | | |
| 11 | 我们具有很强的发展与合作伙伴之间相互信任、互惠互利关系的能力 | | | | | |
| 12 | 我们经常与合作伙伴讨论合作关系的进展 | | | | | |
| 13 | 在合作网络中，我们经常因扮演“中间人”角色而获利 | | | | | |
| 14 | 我们总是能够非常快地与所有合作伙伴沟通而不用依赖第三方来传递信息 | | | | | |
| 15 | 我们经常能成为其他合作伙伴间的沟通桥梁 | | | | | |
| 16 | 公司在市场上建立了“优先合作伙伴”的声誉 | | | | | |
| 17 | 我们内部不同部门会经常沟通消费者对产品和服务的接纳问题 | | | | | |
| 18 | 我们鼓励员工在工作过程中采用新方法 | | | | | |
| 19 | 工作中员工经常会根据自我经验来做决定 | | | | | |
| 20 | 我们重视对新产品或创意的投入和开发 | | | | | |
| 21 | 我们从外部网络中获得市场开发技能 | | | | | |
| 22 | 我们从外部网络中获得提高产品和服生产效率方面的技能 | | | | | |
| 23 | 我们从外部网络中尤其是合作伙伴处获得新产品和新服务概念 | | | | | |
| 24 | 我们从外部网络中获得重要的市场发展趋势和消费者偏好信息 | | | | | |

| 序号 | 最近两年，与其他企业相比，本企业的创新绩效 | 1<br>强烈不满意 | 2<br>一般不满意 | 3<br>不确定 | 4<br>一般满意 | 5<br>强烈满意 |
| --- | --- | --- | --- | --- | --- | --- |
| 25 | 新产品数量 | | | | | |
| 26 | 产品或服务的附加值率 | | | | | |
| 27 | 新产品引入市场的成功率 | | | | | |
| 28 | 我们常常会主动发起竞争行动，竞争对手被迫做出回应 | | | | | |
| 29 | 我们强调先于竞争对手引入新产品、新服务和新的管理技术 | | | | | |

# 参考文献

[1] Airey D, Chong K. National policy - makers for tourism in China [J]. Annals of Tourism Research, 2010, 37 (2): 295 - 314.

[2] Aldebert B, Dang R J, and Longhi C. Innovation in the tourism industry: The case of Tourism@ [J]. Tourism Management, 2011, 32 (5): 1204 - 1213.

[3] Alegre J, Lapiedra R, Chiva R. A measuremet scale for product innovation performance [J]. European Journal of Innovation Management, 2006, 9 (4): 333 - 346.

[4] Alexy O, George G, Salter A. Cui bono. The selective revealing of knowledge and its implications for innovative activity [J]. Academy of Management Review, 2013, 38 (2): 270 - 291.

[5] Almirall E, Casadesus - Masanell R. Open versus closed innovation: A model of discovery and divergence [J] . Academy of Management Review, 2010, 35 (1): 27 - 47.

[6] Argyris C, Schon D A. Organizational learning II: Theory, method and practice. Reading [M]. MA: Addison - Wesley Publishing, 1996.

[7] Arundel A. Innovation survey indicators: what impact on innovation policy? [A] In: OECD (Ed.) Science, technology and innovation indicators in a changing world: Responding to policy needs [C]. Paris: OECD, 2007: 49 - 64.

[8] Ateljevic I, Doorne S. "Staying within the fence": lifestyle entrepreneurship in tourism [J]. Journal of Sustainable Tourism, 2000, 8 (5): 378 - 392.

[9] Avlonitis G J, Papastathopoulou P G, Gounaris S P. An empirically - based typology of product innovativeness for new financial services: Success and failure scenarios [J]. Journal of Product Innovation Management, 2001, 18 (5): 324 - 342.

[10] Baggio R, Cooper C. Knowledge transfer in a tourism destination: the

effects of a network structure [J]. Service Industries Journal, 2010, 30 (10): 1757 - 1771.

[11] Barney J B. Firm Resource and Sustained Competitive Advantage [J]. Journal of Management [J], 1991, 17 (1): 99 - 120.

[12] Blake A, Sinclair M T, Soria J A C. Tourism productivity: Evidence from the United Kingdom [J]. Annals of Tourism Research, 2006, 33 (4): 1099 - 1120.

[13] Bosworth G and Farrell H. Tourism entrepreneurs in Northumberland [J]. Annals of Tourism Research, 2011, 38 (4): 1474 - 1494.

[14] Brooker E, Joppe M. Developing a tourism innovation typology: leveraging liminal insights [J]. Journal of Travel Research, 2013, 8: 1 - 10.

[15] Buhalis D, Law R. Progress in information technology and tourism management: 20 years on and 10 year after the Internet - the state of the eTourism research [J]. Tourism Management, 2008, 29 (4): 609 - 623.

[16] Burpitt W. Knowledge - based resources and organizational capabilities: A study of new entry [J]. Journal of Applied Management and Entrepreneurship, 2004, 9: 67 - 81.

[17] Burt R S. Structure Holes: The Social Structure of Competition [M]. Cambridge: Harvard University Press, 1992.

[18] Burt R S. The Gender of Social Capital [J]. Rationality and Society, 1998 (10): 5 - 46.

[19] Burt R S. Structural holes and good ideas [J]. American Journal of Sociology, 2004, 110 (2): 349 - 399.

[20] Camisón C, Monfort - Mir V M. Measuring innovation in tourism from the Schumpeterian and the dynamic - capabilities perspectives [J]. Tourism Management, 2012, 33 (4): 776 - 789.

[21] Chaston I. Entrepreneurship and knowledge management in small service - sector firms [J]. The Service Industries Journal, 2012, 32 (6): 845 - 860.

[22] Chesbrough H W. Open Innovation: The New Imperative for Creating and Profiting from Technology [M]. Boston, MA: Harvard Business School Press, 2003: 43 - 62.

[23] Chesbrough H, Teece D J. When is Virtual Virtuous? Organizing for In-

novation [J]. Harvard Business Review, 1996, 74 (1): 65 - 73.

[24] Chesbrough H. Open innovation: a new paradigm for understanding industrial innovation [A]. In: Chesbrough H, Vanhaverbeke W, West J. (Eds.), Open Innovation: Researching a New Paradigm. Oxford: Oxford University Press, 2006: 1 - 12.

[25] Cooper C. Knowledge management and tourism [J]. Annals of Tourism Research, 2006, 33 (1): 47 - 64.

[26] Cooper R G, Kleinschmidt E J. New Products: What Separates Winners from Losers? [J]. Journal of Product Innovation Management, 1987, 4 (3): 169 - 184.

[27] Coriat B, Weinstein O. Organazations, firms and institutions in the generation of innovation [J]. Research Policy, 2002, 31 (2): 273 - 290.

[28] Churchill G A. A Paradigm for Developing Better Measures of Marketing Constructs [J]. Journal of Marketing Research, 1979, 16: 64 - 73.

[29] Dahles H. Tourism and Small Entrepreneurs: A theoretical prespective [A]. In: Dahles H, Bras K (Eds.) . Tourism and Small Entrepreneurs: Development, National Policy, and Entrepreneurial Culture: Indonesian Cases [C]. New York: Cognizant Communication Corporation, 1999. 1 - 19.

[30] Decelle X. A conceptual and dynamic approach to innovation in tourism [A]. In: OECD. (Ed.) Innovation and growth in tourism [C]. Paris: OECD, 2006: 85 - 99.

[31] Dess G G, Ireland R D, Zahra S A, et al. Emerging Issues in Corporate Entrepreneurship [J]. Social Science Electronic Publishing, 2003, 29 (3): 351 - 378.

[32] Dewhurst P, Horobin H. Small business owners. In Thomas R (Ed.) the Management of Small Tourism and Hospitality Firms [M]. London: Cassell. 1998: 19 - 39.

[33] Dyer J H, Singh H. The relational view: Cooperative strategy and sources of inter organizational competitive advantage [J]. Academy of Management Review, 1998, 23 (4): 660 - 679.

[34] Dosi G. Technological paradigms and technological trajectories: A suggested interpretation of the determinants and directions of technical change [J].

Research Policy, 1982, 11 (82): 147 - 162.

[35] Drejer I. Identifying innovation in surveys of services: a Schumpeterian perspective [J]. Research Policy, 2004, 33 (3): 551 - 562.

[36] Edmondson A C, Mcmanus S E. Methodological Fit in Management Field Research [J]. Academy of Management Review, 2007, 32 (4): 1246 - 1264.

[37] Eisenhardt K M. Building theories from case study research [J]. Academy of Management Review, 1989, 14 (4): 532 - 550.

[38] Eisenhardt K M, Martin J A. Dynamic capabilities: what are they? [J]. Strategic Management Journal, 2000, 21 (10): 1105 - 1121.

[39] Eisenhardt K M, Graebner M E. Theory Building from Cases: Opportunities and Challenges [J]. Academy of Management Journal, 2007, 50 (1): 25 - 32.

[40] Elster J. A plea for mechanisms [A]. In: Hedstrom P and Swedberg R. (Eds.) Social Mechanisms [C]. Cambrige University Press, 1998: 45 - 73.

[41] European Commission. European innovation scoreboard 2008: Comparative analysis of innovation performance. PROINNO Europe paper no. 10. Luxembourg: Office for Official Publications of the European Communities, 2009.

[42] Fiol C M, Lyles M. A. Organizational leaming [J]. Academy of Management Review, 1985, 10 (4): 803 - 813.

[43] Fodor O, Werthner H. Harmonise: A step toward an interoperable eTourism marketplace [J]. International Journal of Electronic Commerce, 2005, 9 (2): 11 - 39.

[44] Gemünden H G, Ritter T, Heydebreck P. Network configuration and innovation success: An empirical analysis in German high - tech industries [J]. International Journal of Research in Marketing, 1996, 13 (5): 449 - 462.

[45] Getz D, Carlsen J. Characteristics and goals of family and owner - operated businesses in the rural tourism and hospitality sectors [J]. Tourism Management, 2000, 21 (6): 547 - 560.

[46] Getz D, Petersen T. Growth and profit - oriented entrepreneurship among family business owners in the tourism and hospitality industry [J]. International Journal of Hospitality Management, 2005, 2 (24): 219 - 242.

[47] Gupta A K, Smith K G, Shalley C E. The Interplay between Exploration

and Exploration [J]. Academy of Management Journal, 2006, 49 (4): 693 -706.

[48] Grannovetter M. Economic action and social structure: the problem of embeddedness [J]. American Journal of Sociology, 1985, 91 (3): 481 -510.

[49] Grant R M. Toward A Knowledge - Based Theory of the Firm [J]. Strategic Management Journal, 1996, 17 (S2): 109 -122.

[50] Guisado - González M, ET al. Determinants of innovation perfermance in Spanish hospitality companies: analysis of the coexistence of innovation strategies [J]. The service industries Joural, 2013, 33 (6): 580 -593.

[51] Gulati R. Alliances and networks [J]. Strategic Management Journal, 1998, 19 (4): 293 -317.

[52] Hall C M, Williams A M. Tourism and innovation [M]. London: Routledge, 2008.

[53] Hall C M. Innovation and tourism policy in Australia and New Zealand: never the twain shall meet? [J]. Journal of Policy Research in Tourism, Leisure and Events, 2009, 1 (1): 2 -18.

[54] Hardy A, Hanson D, Gretzel U. Online representations of Rving Neo - tribes in the USA and Australia [J]. Journal of Tourism and Cultural Change, 2012, 10 (3): 219 -232.

[55] Hagedoorn J, Roijakkers N, Kranenburg H V. Inter - Firm R&D Networks: The Importance of Strategic Network Capabilities for High - Tech Partnership Formation [J]. British Journal of Management, 2006, 17 (1): 39 -53 (15) .

[56] Håkansson H. Industrial technological development: a network approach [M]. New York: Croom Helm, 1987.

[57] He Z L, Wong P K. Exploration vs. Exploitation: An Empirical Test of the Ambidexterity Hypothesis [J]. Organization Science, 2004, 15 (4): 481 -494.

[58] Hite M, Hesterly S. The Evolution of Firm Networks: From Emergence to Early Growth of the Firm [J] . Strategic Management Journal, 2001, 2 (3): 275 -286.

[59] Hitt M A, Dacin M T, Levitas E, et al. Partner Selection in Emerging Market Contexts: Resource Based and Organizational Learning Perspectives [J]. Academic Management Journal, 2000, 43 (3): 449 -467.

[60] Hjalager A M. Dynamic innovation in the tourism industry [J]. Progress

in Tourism and Hospitality Management, 1994, 6: 197 -224.

[61] Hjalager A M. Innovation patterns in sustainable tourism - an analytical typology [J]. Tourism Management, 1997, 18 (1): 35 -41.

[62] Hjalager A M. Repairing innovation defectiveness in tourism [J]. Tourism Management, 2002, 23 (5): 465 -474.

[63] Hjalager A M, Huijbens E H, Björk P, et al. Innovation systems in Nordic tourism [R]. Oslo: Nordic Innovation Centre, 2008.

[64] Hjalager A M. A review of innovation research in tourism [J]. Tourism Management, 2010, 31 (1): 1 -12.

[65] Ho H K. Online auction markets in tourism [J]. Information Technology & Tourism, 2008, 10 (1): 19 -29.

[66] Huber G. Organizational learning: The contributing processes and literatures [J]. Organization Science, 1991, 2, 88 -115.

[67] Hughes M, Hughes P, Morgan R E. Exploitative Learning and Entrepreneurial Orientation Alignment in Emerging Young Firms: Implications for Market and Response Performance [J]. British Journal of Management, 2007, 18 (4): 359 -375.

[68] Iorio M, Corsale A. Rural tourism and livelihood strategies in Romania [J]. Journal of rural studies, 2010, 26: 152 -162.

[69] Jaafar M, Abdul - Aziz A R, Maideen S A, et al. Entrepreneurship in the tourism industry: Issues in developing countries [J]. International Journal of Hospitality Management, 2011, 30 (4): 827 -835.

[70] Jacob M, Tintoré J, and Aguiló E, et al. Innovation in the tourism sector: results from a pilot study in the Balearic Islands [J]. Tourism Economics, 2003, 9 (3): 279 -295.

[71] Jacob M and Groizard J L. Technology transfer and multinationals: the case of Balearic hotel chains' investments in two developing economies [J]. Tourism Management, 2007, 28 (4): 976 -992.

[72] Jackson J. Developing regional tourism in China: The potential for activating business clusters in a socialist market economy [J]. Tourism Management, 2006, 27 (4): 695 -706.

[73] Kerssens - van Drongelen Inge c, Bilderbeek J. R&D performance meas-

urement: more than choosing a set of metrics [J]. R & D Management, 2002, 29 (1): 35 -46.

[74] Keupp M, Gassmann O. Determinants and archetype users of open innovation [J] . R&D Management, 2009, 39 (4): 331 -341.

[75] Kärcher K. Information and Communication Technologies in Tourism [A]. In: Klein S (Ed), Information and Communication Technologies in Tourism [C]. Austria: Proceedings of the International Conference in Innsbruck. 1996: 221 -234.

[76] Kim C S, Inkpen A C. Cross - border R&D alliances, absorptive capacity and technology learning [J]. Journal of International Management, 2005, 11 (3): 313 -329.

[77] Kokkranikal J, Morrison A. Entrepreneurship and sustainable tourism: the houseboats of Kerala [J]. Tourism and Hospitality Research, 2002. 4 (1): 7 -20.

[78] Kokkranikal J, Morrison A. Community Networks and Sustainable Livelihoods in Tourism: The Role of Entrepreneurial Innovation [J]. Tourism Planning & Development, 2011, 8 (2): 137 -156.

[79] Komppula R. The role of individual entrepreneurs in the development of competitiveness for a rural tourism destination: A case study [J]. Tourism Management 2014, 40: 361 -371.

[80] Komppula R. Success and Growth in Rural Tourism Micro - Businesses in Finland [A]. In: Thomas R. (Ed.) Small Firms in Tourism: international perspectives [C], Oxford: Elsevier. 2004. 115 -138.

[81] Krizaj D, Brodnik A, Bukovec B. A tool for measurement of innovation newness and adoption in tourism firms [J]. International Journal of Tourism Research, 2012, 15 (6) .

[82] Kumar U, Kumar V, D De Grosbois. Development of technological capability by Cuban hospitality organizations [J]. International Journal of Hospitality Management, 2008, 27: 12 -22.

[83] Lardies R. Migration and tourism entrepreneurship: North - European immigrants in Cataluña and Languedoc [J]. International Journal of Population Geography, 1999, 5: 477 -491.

[84] Lashley D, Morrison A. Franchising hospitality services [M]. Oxford:

Butterworth - Heinemann. 2000.

[85] Lazzarotti V, Manzini R. Different Modes of Open Innovation: A Theoretical Framework and an Empirical Study [J]. International Journal of Innovation Management, 2009, 13 (4): 615 - 636.

[86] Lee S, Park G, Yoon B, et al. Open innovation in SMEs—an intermediated network model [J]. Research Policy, 2010, 39 (2): 290 - 300.

[87] Leiper N. The framework of tourism: Towards a definition of tourism, tourist, and the tourist industry [J]. Annals of Tourism Research, 1979, 6 (4): 390 - 407.

[88] Li L. A review of entrepreneurship research published in the hospitality and tourism management journals [J]. Tourism Management, 2008, 29 (5): 1013 - 1022.

[89] Li Y, Zhang C, Liu Y, et al. Organizational Learning, Internal Control Mechanisms, and Indigenous Innovation: The Evidence from China [J]. Engineering Management IEEE Transactions on, 2010, 57 (1): 63 - 77.

[90] Liburd JJ. Tourism research 2.0 [J]. Annals of Tourism Research, 2012, 39 (2): 883 - 907.

[91] Malerba F. Sectoral systems of innovation and production [J]. Research Policy, 2002, 31 (2): 247 - 264.

[92] March J G. Exploration and Exploitation in Organizational Learning [J]. Organization Science, 1991, 2 (1): 71 - 87.

[93] Matusik S F. An empirical investigation of firm public and private knowledge [J]. Strategic Management Journal, 2002, 23 (5): 457 - 467.

[94] McGinn N F. Knowledge Management in the Corporate Seetor: Implieations for Edueation [A]. In: Gmelin W, King K, Mcgracth S (Eds): 79 - 102.

[95] Mei X Y, et al. Towards tourism innovation: A critical review of public polices at the national level [J]. Tourism Management Perspectives, 2012, 4: 92 - 105.

[96] Meyer A D, Gaba V, Colwell K A. Organizing far From Equilibrium: Nonlinear Change in Organizational Fields [J]. Organization Science, 2005, (5): 456 - 473.

[97] Morrison A, Carlsen J, Weber P. Lifestyle oriented small tourism [lost] firms and tourism destination development [R]. the 18th annual CAUTHE conference, Griffith University, Australia. 2008 -02 -11.

[98] Möller K K, Halinen A. Business Relationships and Networks: Managerial Challenge of Network Era [J]. Industrial Marketing Management, 1999, 28 (5): 413 -427.

[99] Morgan R E, Berthon P. Market Orientation, Generative Learning, Innovation Strategy and Business Performance Inter - Relationships in Bioscience Firms [J]. Journal of Management Studies, 2008, 45 (8): 1329 -1353.

[100] Müller D K. Amenity migration and tourism development in the Tärna Mountains, Sweden [A]. In: Moss L A G. (Ed.) the Amenity Migrants. Seeking and sustaining mountains and their cultures [C]. CABI: Wallingford UK. 2006.

[101] Nagaoka S, Kwon H U . The incidence of cross - licensing: A theory and new evidence on the firm and contract level determinants [J]. Research Policy, 2006, 35 (9): 1347 -1361.

[102] Nelson R R, Winter S G. In Search of Useful Innovation Theory [J]. Research Policy, 1993, 22 (2): 108 -108.

[103] Nonaka I, Takeuchi H. The knowledge - creating company: How Japanese companies create the dynamics of innovation [M]. New York: Oxford University Press. 1995.

[104] Nordin S. Tourism Clustering & Innovation - Paths to Economic Growth & Development [R/OL]. http: //miun. diva - portal. org/smash/record. jsf? pid = diva2: 352389, 2003, 2010 -09 -20.

[105] Novelli M, Schmitz B, Spencer T. Networks, clusters and innovation in tourism: A UK experience [J]. Tourism Management, 2006, 27 (6): 1141 -1152.

[106] Orfila - Sintes F, Crespí - Cladera R, Martínez - Ros E. Innovation activity in the hotel industry: evidence from Balearic Islands [J]. Tourism Management. 2005, 26 (6): 851 -865.

[107] Paget E, Dimanche F, Mounet JP. A tourism innovation case: an Actor - Network Approach [J]. Annals of Tourism Research, 2010, 37 (3): 828 -847.

[108] Paniagua A. Urban - rural migration, tourism entrepreneurs and rural restructing in Spain [J]. Tourism Geographies, 2002, 4 (4): 349 -371.

[109] Parra - Lopéz E, et al. Entrepreneurship and innovation in tourism [R]. PASOS: Revista De Turismo Y Patrimonio Cultural [C]. 2009, 7 (3): 355 -357.

[110] Payne A. The Essence of Services Marketing [J]. Prentice Hall, 1993.

[111] Pentland B T. Information systems and organizational learning: The social epistemology of organizational knowledge systems [J]. Accounting, Management & Information Technologies, 1995, 5 (1): 1 -21.

[112] Powell W W, KoPut K W, Smith - Doerr L. Interorganizational eollaboration and the locus of innovation: Networks of learning in biotechnology [J]. A dministrative Seience Quarterly, 1996, 41 (1): 116 -145.

[113] Pikkemaat B, Weiermair K. Innovation through cooperation in destinations: first results of an empirical study in Austria [J]. Anatolia: An International Journal of Tourism and Hospitality Research, 2007, 18 (1): 67 -83.

[114] Poon A. The 'new tourism' revolution [J]. Tourism Management, 1994, 15 (2): 91 -92.

[115] Porter M E. Clusters and the New Economics of Competition [J]. Harvard Business Review, 1998 (11): 77 -90.

[116] Prahalad C K, Hamel G. The core competence of the corporation [J]. Harvard Business Review, 1990, 68 (3): 79 -90.

[117] Raisch S, Birkinshaw J, Probst G, et al. Organizational ambidexterity: Balancing exploitation and exploration for sustained performance [J]. Organization Science, 2009, 20 (4): 685 -695.

[118] Ritter T. The Networking Company: Antecedents for Coping with Relationships and Networks Effectively [J]. Industrial Marketing Management, 1999, 28 (5): 467 -479.

[119] Rohrbeck R, Katharina H, Gemünden H. Opening up for competitive advantage: How Deutsche Telekom creates an open innovation ecosystem [J]. R&D Management, 2009, 39 (4): 420 -430.

[120] Rotolo D, Albino V, Petruzzelli A M, et al. Leveraging learning behavior and network structure to improve knowledge gatekeepers' performance [J]. Journal of Knowledge Management, 2010, 14 (5): 635 -658.

[121] Russel R, Faulkner B. Entrepreneurship, chaos and the tourism arealifecycle [J]. Annals of Tourism Research, 2004, 3 (31): 556 -579.

[122] Scott N, Cooper C, Baggio R. Destination Networks. Four Australian Cases [J]. Annals of Tourism Research, 2008, 35 (1): 169 -88.

[123] Senge P M. The fifth discipline: The art and practice of the learning organization [M]. New York: Doubleday, 1990.

[124] Shaw G. Entrepreneurial Cultures and Small Business Enterprises in Tourism [A]. In: Lew A A, et al. (Eds.) A companion to tourism [C]. UK: Blackwell, 2004: 142 -154.

[125] Shaw G, Williams A. Knowledge transfer and management in tourism organisations: an emerging research agenda [J]. Tourism Management, 2009, 30 (3): 325 -335.

[126] Sirilli G, Evangelista R. Technological innovation in services and manufacturing: results from Italian surveys [J]. Research Policy, 1998, 27 (9): 881 -899.

[127] Siggelkow N. Persuasion with case studies [J]. Academy of Management Journal, 2007, 50 (1): 20 -24.

[128] Slater S F, Narver J. Market orientation and the learning organization [J]. Journal of Marketing, 1995, 59 (3), 63 -74.

[129] Smith S L Y. Measurement of tourism's economics impacts [J]. Annals of Tourism Research, 2000, 27 (2): 530 -553.

[130] Snepenger D J, Johnson J D, Rasker R. Travel - stimulated entrepreneurial migration [J]. Journal of Travel Research, 1995, 34: 40 -44.

[131] Stamboulisa Y, Skayannis P. Innovation strategies and technology for experience - based tourism [J]. Tourism Management, 2003, 24 (1): 35 -43.

[132] Storey C, Kelly D . Measuring the Performance of New Service Development Activities [J]. Service Industries Journal, 2001, 21 (2): 71 -90.

[133] Strauss A, Corbin J. Basics of Qualitative Research: Techniques and Procedures for Developing Grounded Theory, Newbury Park: Sage Publications, 1990.

[134] Sundbo J, Orfila - Sintes F, Søensen F. The innovative behaviour of tourism firms - comparative studies of Denmark and Spain [J]. Research Policy, 2007, 36 (1): 88 -106.

[135] Sundbo J, Gallouj F. Innovation as a loosely coupled system in

services, the result of SI4S project [Z]. SI4S topical paper4, 1998.

[136] Søensen F. The geographies of social networks and innovation in tourism [J]. Tourism Geographies, 2007, 9 (1): 22 -48.

[137] Teece D, Pisano G. The Dynamic Capabilities of Firms: An Introduction [J]. Industrial & Corporate Change, 1994, 3 (3): 537 -556.

[138] Tejada P, Moreno P. Patterns of innovation in tourism 'Small and Me dium - size Enterprises' [J]. The Service Industries Journal, 2013, 33: 749 -758.

[139] Thakur R, Hale D. Service innovation: A comparative study of U. S. and Indian service firms [J]. Journal of Business Research, 2013, 66 (8): 1108 -1123.

[140] Thomas R, Shaw G, Page S J. Understanding small firms in tourism: A perspective on research trends and challenges [J]. Tourism Management, 2011, 32 (5): 963 -976.

[141] Tsui, Anne S. Contextualization in Chinese Management Research [J]. Management & Organization Review, 2006, 2 (1): 1 -13.

[142] Uzzi B. Errata: Social Structure and Competition in Interfirm Networks: The Paradox of Embeddedness [J]. Administrative Science Quarterly, 1997, 42 (2): 35 -67.

[143] Venkatraman N, Ramanujam V. Measurement of Business Performance in Strategy Research: A Comparison of Approaches [J]. Academy of Management Review, 1986, 11 (4): 801 -814.

[144] Von Hippel E, Democratizing Innovation [M]. Cambridge, MA: The MIT Press, 2005: 93 -106.

[145] Vop Hippel E. The sources of innovation [M]. Oxford University Press, 1988.

[146] Wernerfelt B. A resource - based view of the firm [J]. Strategic Management Journal, 1984, 5 (5): 171 -180.

[147] Weiermair K, Peters M. Innovation behavior in hospitality and tourism: Problems and prospects. In Chon K S, Heung V C S, Wong K K F (Eds.), Tourism in Asia: Development marketing and sustainability: Fifth biennial conference [C]. Hong Kong: Hong Kong Polytechnic University. 2002: 600 -612.

[148] Weiermair K. Product improvement or innovation: what is the key to suc-

cess in tourism? [A]. In: OECD (Ed.) Innovation and growth in tourism [C]. Paris: OECD, 2004: 53 -69.

[149] Weidenfeld A, William A M, Butler R W. Knowledge transfer and innovation among attractions [J]. Annals of Tourism Research, 2010, 37 (3): 604 -626.

[150] Weidenfeld A. Tourism and cross border regional innovation systems [J]. Annals of Tourism Research, 2013, 42: 191 -213.

[151] West J, Salter A, Vanhaverbeke W, Chesbrough H. Open Innovation: The Next Decade [J]. Research Policy, 2014, 43 (5): 805 -811.

[152] West J, Gallagher S. Challenges of open innovation: The paradox of firm investment in open - source software [J]. R&D Management, 2006, 36 (3): 319 -331.

[153] Wijk R V, Jansen J J P, Lyles M A. 组织间和组织内知识转移：对其前因后果的元分析及评估 [J]. 管理世界, 2012, (4): 159 -168.

[154] Williams AN M, Shaw G, Greenwood J. From tourist to tourism entrepreneur, from consumption to production: Evidence from Cornwall [J]. England Environment and Planning, 1989, 21 (6): 1639 -1653.

[155] Williams A M, Shaw G. Intenationalization and innovation in tourism [J]. Annals of Tourism Research, 2011, 38: 27 -51.

[156] Von Hippel E, Democratizing Innovation [M]. Cambridge, MA: The MIT Press, 2005: 93 -106.

[157] Yang H, Lin Z, Lin Y. A multilevel framework of firm boundaries: Firm characteristics, dyadic differences, and network attributes [J]. Strategic Management Journal, 2010, 31 (3): 237 -261.

[158] Yang J, Wan C. Advancing organizational effectiveness and knowledge management implementation [J]. Tourism Management, 2004, 25 (5): 593 -601.

[159] Zahra S A, Sapienza H J, Davidsson P. Entrepreneurship and Dynamic Capabilities: A Review, Model and Research Agenda [J]. Journal of Management Studies, 2006, 43 (4): 917 -955.

[160] Zahra S A, Nielsen A P, Bogner W C. Corporate Entrepreneurship, Knowledge and Competence Development [J]. Entrepreneurship Theory & Practice, 1999, 23 (3): 169 -189.

[161] Zhao W, Ritchie J R B, Echtner C M. Social captial and tourism entre-

preneurship [J]. Annals of Tourism Research, 2011, 38 (4): 1570 - 1593 .

[162] Zhao Y, Li Y, Lee S H, et al. Entrepreneurial Orientation, Organizational Learning, and Performance: Evidence from China [J]. Entrepreneurship Theory & Practice, 2009, 35 (2): 293 - 317.

[163] 曹鹏，陈迪，李健. 网络能力视角下企业创新网络机理与绩效研究——基于“长三角”制造业企业实证分析 [J]. 科学学研究，2009，27 (11): 1742—1748.

[164] 蔡宁伟，王欢，张丽华. 企业内部隐性知识如何转化为显性知识？——基于国企的案例研究 [J]. 中国人力资源开发，2015 (13): 35—50.

[165] 成思危. 认真开展案例研究，促进管理科学及管理教育发展 [J]. 天津：管理科学学报，2001 (4): 1—6.

[166] 陈国权，马萌. 组织学习的过程模型研究 [J]. 管理科学学报，2000，3 (3): 15—23.

[167] 陈学光，徐金发. 基于企业网络能力的创新网络研究 [J]. 技术经济，2007 (3): 42—44.

[168] 陈学光. 网络能力、创新网络及创新绩效关系研究 [D]. 浙江大学，2007.

[169] 陈劲，陈钰芬. 企业技术创新绩效评价指标体系研究 [J]. 科学学与科学技术管理，2006，27 (3): 86—91.

[170] 陈晔. 基于服务新特征的服务创新路径与策略 [J]. 科学管理研究，2010 (4): 7—10.

[171] 陈晓萍，徐淑英，樊景立. 组织与管理研究的实证方法 [M]. 北京大学出版社，2012.

[172] 窦红宾，王正斌. 网络结构对企业成长绩效的影响研究——利用性学习、探索性学习的中介作用 [J]. 南开管理评论，2011，14 (3): 15—25.

[173] 党兴华，郑登攀. 服务企业创新绩效评价指标体系简析 [C]. 第八届全国科技评价学术研讨会，2008.

[174] Eisenhardt K M. 案例研究方法：理论与范例——凯瑟琳·艾森哈特论文集 [M]. 李平，曹仰锋译. 北京：北京大学出版社，2012.

[175] 杜建政，赵国祥，刘金平. 测评中的共同方法偏差 [J]. 心理科

学，2005，28（2）：420—422.

［176］方刚．基于资源观的企业网络能力与创新绩效关系研究［D］．浙江大学，2008：17.

［177］高鹏，安立仁．企业隐性知识学习与创新绩效关系研究［J］．中国软科学，2010（S1）：242—249.

［178］高良谋，马文甲．开放式创新：内涵、框架与中国情境［J］．管理世界，2014（6）：157—169.

［179］贺宝成．中国上市公司大股东利益输送路径与治理研究［D］．西北大学，2014.

［180］江积海．国外开放式创新研究的十年回顾及其展望［J］．经济管理，2014，36（1）：175—187.

［181］刘睿．国内外旅游化研究综述［J］．旅游学刊，2015，（2）：110—117.

［182］刘建兵，柳卸林．服务业创新轨道的形成机制及对追赶的战略意义［J］．科学学与科学技术管理，2008，29（9）：81—86.

［183］李雪灵，韩自然，董保宝，等．获得式学习与新企业创业：基于学习导向视角的实证研究［J］．管理世界，2013（4）：94—106.

［184］柳卸林．对服务创新研究的一些评论［J］．科学学研究，2005，23（6）：856—860.

［185］李怀祖．管理研究方法论［M］．西安：西安交通大学出版社，2004.

［186］李晓燕，毛基业．动态能力构建——基于离岸软件外包供应商的多案例研究［J］．管理科学学报，2010（11）：55—64.

［187］李雪灵，姚一玮，王利军．新企业创业导向与创新绩效关系研究：积极型市场导向的中介作用［J］．中国工业经济，2010（6）：116—125.

［188］李云鹏，王京．需求泛化与信息共享驱动下的旅游产业深度融合［J］．旅游学刊，2012，27（7）：9—10.

［189］李允强．文化旅游产业创新体系评价指标研究［D］．山东大学，2010.

［190］刘睿．国内外旅游化研究综述［J］．旅游学刊，2015，30（2）：110—117.

［191］凌鸿，赵付春，邓少军．双元性理论和概念的批判性回顾与未来

研究展望［J］. 外国经济与管理，2010，32（1）：132—136.

［192］吴贵生，蔺雷. 服务创新轨道概念初探：兼评技术轨道的适用性［J］. 技术经济，2012（5）：1—7.

［193］马胜杰. 企业技术创新能力及其评价指标体系［J］. 数量经济技术经济研究，2002，19（12）：5—8.

［194］毛泽东著作选读（上册）［M］. 北京：人民出版社，1986：148.

［195］毛凯军. 技术创新：理论回顾与探讨［J］. 科学学与科学技术管理，2005，26（10）：55—59.

［196］毛基业，李晓燕. 理论在案例研究中的作用——中国企业管理案例论坛（2009）综述与范文分析［J］. 管理世界，2010（2）：106—113.

［197］毛基业，张霞. 案例研究方法的规范性及现状评估——中国企业管理案例论坛（2007）综述［M］. 管理世界，2008，4：115—121.

［198］彭新敏. 企业网络对技术创新绩效的作用机制研究：利用性和探索性学习的中介效应［D］. 浙江大学，2009：32.

［199］乔坤，马晓蕾. 论案例研究法与实证研究法的结合［J］. 管理案例研究与评论，2008，1（1）：62—67.

［200］奇达夫，蔡文彬著；王凤彬，朱超威. 社会网络与组织［M］. 中国人民大学出版社，2007.

［201］任胜钢. 企业网络能力结构的测评及其对企业创新绩效的影响机制研究［J］. 南开管理评论，2010，13（1）：69—80.

［202］任胜钢，孟宇，王龙伟. 企业网络能力的结构测度与实证研究［J］. 管理学报，2011（4）：531—538.

［203］饶勇. 旅游企业隐性知识创新与共享的激励机制研究——以旅游饭店企业为例［D］. 厦门大学，2008.

［204］宋子千，廉月娟. 旅游业及其产业地位再认识［J］. 旅游学刊，2007，26（6）：37—42.

［205］宋子千. 以多学科研究充分发展促进旅游学科成长［J］. 北京：旅游学刊，2014（3）：22—30.

［206］孙文文，蔡宁. 企业网络能力研究综述［J］. 科学决策，2012（4）：84—94.

［207］申葆嘉. 论旅游学基础理论研究与方法论［J］. 旅游学刊，1999（9）：7—12.

[208] 宋慧林，宋海岩．国外旅游创新研究评述［J］．旅游科学，2013，27（2）：1—13.

[209] 苏敬勤，李召敏．案例研究方法的运用模式及其关键指标［J］．管理学报，2011，8（3）：340—347.

[210] 魏江，徐蕾．知识网络双重嵌入、知识整合与集群企业创新能力［J］．管理科学学报，2014，17（2）：34—47.

[211] 吴明隆．问卷统计分析务实：SPSS 操作与应用［M］．重庆大学出版社，2010.

[212] 吴明隆．结构方程模型——AMOS 的操作与应用［M］．重庆大学出版社，2013.

[213] 吴晓波，高忠仕，魏仕杰．隐性知识显性化与技术创新绩效实证研究［J］．科学学研究，2007，25（6）：1233—1238.

[214] 王雎，罗珉．知识共同体的构建：基于规则与结构的探讨［J］．中国工业经济，2007，229（4）：54—62.

[215] 王雎，曾涛．开放式创新：基于价值创新的认知性框架［J］．南开管理评论，2011，14（2）：114—125.

[216] 王琳，魏江．顾客互动对新服务开发绩效的影响——基于知识密集型服务企业的实证研究［J］．重庆大学学报（社会科学版），2009，15（1）：35—41.

[217] 王海花，谢富纪．企业外部知识网络能力的结构测量——基于结构洞理论的研究［J］．中国工业经济，2012（7）：134—146.

[218] 王璐，高鹏．扎根理论及其在管理学研究中的应用问题探讨［J］．外国经济与管理，2010，32（12）：10—18.

[219] 王素洁，胡瑞娟，程卫红．国外社会网络范式下的旅游研究述评［J］．旅游学刊，2009，24（7）：90—95.

[220] 王江．隐性知识与企业核心能力：案例研究［J］．科学学研究，2010，28（4）：566—570.

[221] 王永贵，张玉利，杨永恒等．对组织学习、核心竞争能力、战略柔性与企业竞争绩效的理论剖析与实证研究——探索中国企业增强动态竞争优势之路［J］．南开管理评论，2003（4）：54—60.

[222] 吴贵生，蔺雷．服务创新轨道概念初探：兼评技术轨道的适用性［J］．技术经济，2012（5）：1—7.

[223] 吴辉凡，许治．服务创新获利机制：一个简单的综述［J］．管理评论，2008，20（8）：26—33.

[224] 吴晓波，高忠仕，魏仕杰．隐性知识显性化与技术创新绩效实证研究［J］．科学学研究，2007，25（6）：1233—1238.

[225] 武真真，章锦河．近15年来国外旅游小企业研究进展［J］．旅游学刊，2012，27（8）：27—35.

[226] 温忠麟，张雷，侯杰泰，等．中介效应检验程序及其应用［J］．心理学报，2004，36（5）：614—620.

[227] 魏江．知识密集型服务业创新范式［M］．科学出版社，2007.

[228] 徐金发，许强，王勇．企业的网络能力剖析［J］．外国经济与管理，2001，23（11）：21—25.

[229] 邢小强，仝允桓．创新视角下的企业网络能力与技术能力关系研究［J］．科学学与科学技术管理，2007，28（12）：182—186.

[230] 邢小强，仝允桓．网络能力：概念、结构与影响因素分析［J］．科学学研究，2006，24（S2）：558—563.

[231] 谢春山，傅吉新，李飞．旅游业的产业地位辨析［J］．北京第二外国语学院学报，2005.3，5—10.

[232] 谢彦君．基础旅游学（第四版）［M］．北京：商务印书馆，2015：12.

[233] 徐金发，许强，王勇．企业的网络能力剖析［J］．外国经济与管理，2001，23（11）：21—25.

[234] 徐朝霞．顾客共同生产对服务创新绩效的影响研究［D］．西南财经大学，2013.

[235] 原毅军，刘浩．服务创新衡量研究综述［J］．科技进步与对策，2010，27（3）：153—156.

[236] 闫春．创新开放度与开放式创新绩效的机理研究：商业模式与技术搜索影响的视角［D］．浙江大学，2012.

[237] Yin Robert K，周海涛，李永贤，等译．案例研究：设计与方法［M］．重庆大学出版社，2010.

[238] 郑伯埙，黄敏萍．实地研究中的案例研究［A］．陈晓萍，徐淑英，樊景立．组织与管理研究的实证方法［M］．北京大学出版社，2012.

[239] 朱秀梅，陈琛，蔡莉．网络能力、资源获取与新企业绩效关系实

证研究［J］. 管理科学学报，2010，13（4）.

［240］郑伯埙，黄敏萍. 实地研究中的案例研究［A］. 陈晓萍，徐淑英，樊景立. 组织与管理研究的实证方法［M］. 北京大学出版社，2012.

［241］郑辽吉. 基于GEM－ANP模型的海岛旅游竞争力评价——以辽宁省为例［J］. 辽东学院学报：社会科学版，2013（4）：85—90.

［242］郑素丽. 组织间资源对企业创新绩效的作用机制研究［D］. 浙江大学管理学院，浙江大学，2008.

［243］朱朝晖，陈劲. 探索性学习和挖掘性学习的协同与动态：实证研究［J］. 科研管理，2008，29（6）：1—9.

［244］张若勇，刘新梅，王海珍，等. 顾客—企业交互对服务创新的影响：基于组织学习的视角［J］. 管理学报，2010（2）：218—224.

［245］赵爽. 基于网络能力的企业绩效提升路径研究［J］. 科技进步与对策，2010，27（6）：71—75.

［246］周浩，龙立荣. 共同方法偏差的统计检验与控制方法［J］. 心理科学进展，2004，12（6）：942—950.